JN320345

経営システム工学ライブラリー 1

オペレーションズ・マネジメントの基礎
―― 現代の経営工学 ――

圓川隆夫 著

朝倉書店

編集者

森　雅夫　　　圓川隆夫
東京工業大学名誉教授　東京工業大学教授

まえがき

　本書は，当初「経営工学概論」というタイトルを予定していた．経営工学のオリジンは，作業，すなわちオペレーションの効率化のための，F. W. テイラーを始祖とするIE（Industrial Engineering）にあることは誰も否定しないであろう．しかしながら，その後効率化の対象と方法論が拡大し，従来いわれてきたIE，QC（品質管理），OR（オペレーションズ・リサーチ）の3本柱だけでは語れなくなってきた．加えて，「変化の時代」にあって，どれだけ個々のオペレーションの効率化を図っても，それが企業経営としての成果に必ずしも結びつかなくなってきた．すなわち，効率的オペレーションを効果的に経営成果に結びつけるマネジメントの必要性が飛躍的に高まってきたといえる．このような経緯から，経営工学を効率的・効果的なオペレーションのマネジメント手法として位置づけ，その概論ということで，本書のタイトルを「オペレーションズ・マネジメントの基礎」とした．

　本書におけるオペレーションズ・マネジメントは，以下の三つの視点に基づいている．

　一番目は，業務連鎖の視点である．「変化の時代」のなかで，個々のオペレーションがいくら優れていてもそれは部分最適に陥りがちである．変化の源泉である市場，顧客を起点とした業務連鎖を通して，はじめてQCDES（品質，コスト，納期，環境，安全）の確保のための効果的効率化が可能となる．大きくは，供給連鎖のサプライチェーンオペレーションと，コンカレントエンジニアリングに代表される新商品開発オペレーションに分けられる．

　二番目は，営業循環サイクルの視点である．オペレーションズ・マネジメントの成果を経営成果に結びつけ，企業を持続的に発展させるためには，資源が必要となり，資源を獲得する資本・資金を必要とする．たとえ商品が生産されても，在庫に留まっている限り，ないし販売されても売掛金になっている限り，運転資

本としてのコストが発生するだけである．売上げとして回収されてはじめて次の循環を可能にする．この回収と投資の差額を拡大させるとともに循環速度を速めることに，オペレーションズ・マネジメントは寄与しなければならない．それが現在の企業価値を決めるものだからである．

そして三番目は，歴史的・文化的な視点である．オペレーションズ・マネジメントの歴史を展望すると，テイラーのワンベストウェイの標準を定めることにはじまり，その上で変化対応のためのわが国生まれの改善が積み重ね上げられた．標準と改善の両輪が不可欠であることは不変であるが，時代とともに対象とする範囲の広がり，あるいは昨今のICT（情報通信技術）という強力な武器の登場によってオペレーションズ・マネジメントの方法論も変わってきた．そして国の文化によっても標準に強い国，改善に強い国といったようにそのあり方には違いをもたらす．この歴史的・文化的展望の視点から，刻々と変化する時代背景の中で競争優位のわが国のオペレーションズ・マネジメントのあるべき姿，そしてグローバル経済の中での位置付けが見えてくるはずである．

高度成長の軌道の中でわが国製造業が完成させたJIT（ジャストインタイム）やTQC（総合的品質管理）に代表されるわが国流オペレーションズ・マネジメントは，1990年頃から高品質・高信頼性の名声とともに世界からのベンチマーキングにより，ものづくりのマネジメントのグローバルスタンダードにまで昇華したといえる．しかしながら，バブル崩壊後の景気後退，低成長，そして工業化社会から情報化社会への転換の中で，バブル崩壊前の1990年頃には1位であったわが国の国際競争力ランキングも，2002年には27位まで低下することになった．その理由として，技術やオペレーションレベルのマネジメントは依然世界トップであるのに，それを経営成果に結びつけるべき経営戦略や技術経営が弱いことが，国をあげて喧伝されたものである．

ところが2002年を底に景気は回復に転じる．ゆるやかであるがいざなぎ景気を超える好景気が2007年末まで続き，多くの企業が増収増益を更新するという状況が生まれた．その間，海外生産比率は直線的な伸びを見せ，2007年には31.6%にまで達し，一方，国内では派遣労働の法改正により非正社員の割合が一気に増加し，2007年には雇用全体の37.8%にものぼるというように，オペレーションズ・マネジメントを取り巻く環境は大きく変化している．そうしたなかでまた，2008年秋，米国発の金融危機の影響が世界を覆うことになる．それは

オペレーションズ・マネジメントとは無縁の，リスクを弄ぶようないきすぎた金融資本主義の破綻である．

わが国の場合は急激な円高も加わり，2009年3月期決算では，自動車やエレクトロニクス産業を中心にわが国を代表する企業が軒並み赤字に陥る見込みである．これは新たなわが国流オペレーションズ・マネジメントを磨く絶好のチャンスともいえる．"品質汗かき論"という言葉がある．わが国の製造業はかつて高度成長時代の後半にも，オイルショックや急激な円高等，何度か危機に直面した．そのたびごとに危機を克服するために全社一丸となって汗を流すことを繰り返し，その汗によってわが国の品質，そのためのオペレーションズ・マネジメントが磨かれたというものである．当然のことながら，当時と目指す対象やウエイトは異なろう．特にQCD（品質，コスト，納期）に，待ったなしの状況にある地球温暖化に関連した環境のE，そして安全・安心のSの比重が高まっている．

そのような新しいオペレーションズ・マネジメントの創造のための基礎として，本書が少しでも寄与できればと思うしだいである．

最後に，本書の刊行が遅れながらも執筆に激励をいただき，編集・校正にあたられた朝倉書店編集部の方々に心よりお礼を申し上げたい．

2009年早春

圓川隆夫

目　　次

1. 経営工学とオペレーションズ・マネジメント ─────────1
   1.1 企業活動とオペレーションズ・マネジメント　1
       Column 1.1　生鮮食料品化する製品・サービス　4
       Column 1.2　環境対応，安全確保とオペレーションズ・マネジメント
                   5
   1.2 オペレーションズ・マネジメントの難しさの要因　6
   1.3 バリューチェーンと源流管理　9
       Column 1.3　組織内にも存在する部門の壁　10

2. オペレーションズ・マネジメントの進化：効率の追求から効果的効率化へ ──13
   2.1 米国モデルと日本モデル　13
   2.2 IE，標準化と3S　14
       Column 2.1　オペレーションズ・マネジメントと経営戦略　16
       Column 2.2　ホーソン実験とホーソン効果　17
       Column 2.3　職務設計・組織論とオペレーションズ・マネジメント
                   17
       Column 2.4　ボルボイズムの行方　19
   2.3 TPSと日本モデル　19
       Column 2.5　目で見る管理から見える化へ　22
   2.4 ポスト日本モデルとICTの活用　22
       Column 2.6　オペレーションズ・マネジメントと20%-80%の原則
                   24
       Column 2.7　演繹的仕事の仕方と帰納的仕事の仕方：ICTとの相性
                   25

　　　　Column 2.8　生産形態と自動化の歴史　27

3. 営業循環サイクルとキャッシュフロー ―――――――――――30
　3.1　財務諸表とキャッシュフロー・サイクル　30
　3.2　運転資本と資本コスト　33
　　　　Column 3.1　資本コストと株主価値　35
　3.3　キャッシュフロー情報の指標　35
　3.4　投資価値と採算性評価　37
　　　　Column 3.2　財務諸表分析と ROE　38

4. 品質マネジメント ―――――――――――――――――――40
　4.1　品質と品質マネジメント　40
　　　　Column 4.1　顧客満足と品質に厳しいわが国の顧客　43
　　　　Column 4.2　知覚品質の二元論　44
　4.2　工程能力と SQC　44
　　　　Column 4.3　標準正規分布　46
　4.3　QC 七つ道具と管理図　46
　4.4　設計品質のつくり込みと実験計画法　50
　4.5　品質工学とパラメータ設計　52
　　　　Column 4.4　信頼性と時間と数（コスト）の壁　54
　4.6　組織的改善活動と TQM　55
　　　　Column 4.5　目標管理と方針管理，そして BSC：管理技術のブーメラン現象　57
　　　　Column 4.6　シックスシグマ　59
　4.7　QMS と ISO 9000　59

5. コスト・マネジメント ――――――――――――――――61
　5.1　原価計算とコスト・マネジメント　61
　5.2　原価の分類と標準原価計算　62
　5.3　標準原価計算によるコスト・マネジメント　65
　5.4　利益計画と CVP 分析　65

   5.5　標準原価計算の問題点と ABC　67
      Column 5.1　標準原価計算のマジック　67
   5.6　戦略的コスト・マネジメント：原価企画と VE　70
      Column 5.2　設備稼働率と設備総合効率　73
      Column 5.3　発生コストと機会コスト　74

6. 生産マネジメント ——————————————————75
   6.1　生産計画・管理の分類　75
   6.2　MRP（資材所要量計画）　77
      Column 6.1　MRP 批判と ERP　80
   6.3　平準化生産とかんばん方式　80
      Column 6.2　在庫は諸悪の根源　82
   6.4　在庫管理方式　83
   6.5　生産スケジューリング　85
      Column 6.3　ジョブショップから流れ化へ　87
   6.6　プロジェクトスケジューリング　88
      Column 6.4　PMBOK（ピンボック）　92

7. 在庫マネジメントと在庫削減 ——————————————93
   7.1　ABC 分析と在庫理論　93
   7.2　ロットサイズ在庫と EOQ，多サイクル化　95
      Column 7.1　在庫コスト　96
      Column 7.2　EOQ 信奉と EOQ 批判　99
   7.3　安全在庫　99
      Column 7.3　新聞売り子問題　101
   7.4　見越在庫　102
      Column 7.4　需要予測の方法論と限界　103
   7.5　管理精度在庫　104
      Column 7.5　IC タグとソースマーキング　106
   7.6　デカップリング在庫　106

目次

8. サプライチェーン・マネジメント ― 110
- 8.1 SCMの役割と形態　110
  - Column 8.1　ロジスティクスと物流, SCM　111
  - Column 8.2　SCMと隠れたコスト, QCDES　112
- 8.2 見える化とSCM戦略　112
  - Column 8.3　SCMとトリプルA　114
- 8.3 組織制約とダブルマージナライゼーション　115
  - Column 8.4　返品制度と店頭渡し価格制度, センターフィー　116
- 8.4 DFLとリスクプーリング, 差別化遅延戦略　117
- 8.5 環境とSCM　120
- 8.6 簡易ベンチマーク手法としてのSCMスコアカード　121
  - Column 8.5　ITパラドックス　126

9. 新製品開発マネジメント ― 128
- 9.1 新製品開発のプロセスとマネジメント上の区分　128
  - Column 9.1　成功カーブと死の谷, ダーウィンの海　130
- 9.2 コンカレントエンジニアリングと源流管理　130
  - Column 9.2　モジュール対インテグラル　134
- 9.3 ICTの活用とDfX設計　135
- 9.4 新製品開発のためのマネジメントツール　137
- 9.5 新商品開発スコアカード：NPDSC　146

10. TOC（制約理論）と日本文化 ― 148
- 10.1 TOCとは何か　148
- 10.2 企業のゴールとスループットの世界　149
- 10.3 システム改善の5ステップとDBR　152
  - Column 10.1　TOCの日本モデル批判　154
- 10.4 方針制約とスループット会計　155
  - Column 10.2　スループット会計のわが国での実践　157
- 10.5 中核問題の発見とその解消法：思考プロセス　158
  - Column 10.3　CRTと"なぜなぜ分析"　161

Column 10.4　中核問題は組織内部にあり　　162
10.6　TOC が示唆する日本モデルの強み・弱みと日本文化　　163

演習問題略解　　167
付表：正規分布表　　174
参考文献　　175
索　引　　179

1 経営工学とオペレーションズ・マネジメント

　本章では，経営工学が対象とするオペレーションズ・マネジメントの目的，それを実現するために何がそれを困難にしているかの全体像について解説する．そして，効果的・効率的なオペレーションズ・マネジメントを遂行するために，特に業務を意味する operation に複数形を示す 's' がついているように，業務連鎖の視点の重要性について述べる．

1.1　企業活動とオペレーションズ・マネジメント

■オペレーションズ・マネジメントとは

　経営工学という言葉は，第2次世界大戦後に工場における作業改善や効率アップの工学的方法として知られる IE（industrial engineering）の訳語として生まれた．現在では，これに品質管理や OR（オペレーションズ・リサーチ），さらには ICT（information & communication technology：情報通信技術）の有効活用や金融工学までをカバーする，企業活動のあらゆるオペレーションの効果的効率化を図る工学的アプローチとして，Industrial Engineering and Management と呼ぶ場合が多い．

　本書では，経営工学をオペレーションズ・マネジメント（operations management）を対象とした学問として位置付ける．オペレーションズ・マネジメントとは，"企業経営の中核をなす製品（product）やサービス（service）を効果的，効率的に創造するための生産（production）システムのマネジメント"と定義される（巻末の参考文献 Chase et al. 参照）．ここで生産システムとは，図1.1に示すように，人（men）・設備（machines）・材料（materials）といった3M，およびそれらを確保するための資金（money）（合わせて4Mと呼ぶことがある）を投入し，"望ましい"製品やサービスを生み出す過程であり，製造業のみ

1. 経営工学とオペレーションズ・マネジメント

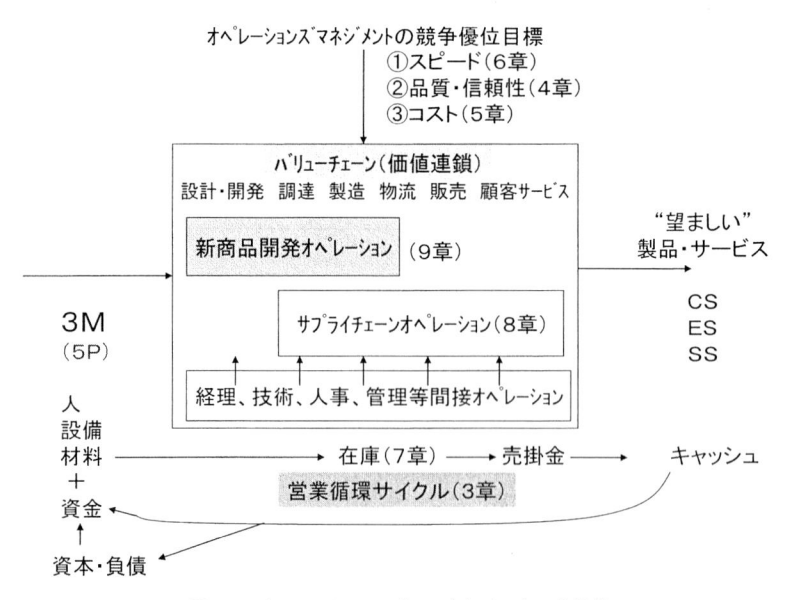

図1.1 オペレーションズ・マネジメントの全体像

ならずサービス業にも共通する活動である．この投入資源については，people（要員），plants（工場），parts（部品），processes（工程），planning & control（計画・管理）を指す5Pといういい方もある．

その活動を通して，後述する利益，あるいは現金相当物であるキャッシュを稼ぎ出すだけでなく，再購買につながる顧客満足（CS：customer satisfaction），さらに企業活動を持続的に発展させるための従業員満足（ES：employee satisfaction），社会満足（SS：social satisfaction）を獲得することが求められる．そのためには，定義の中にあるようにただ単に効率的（efficient）だけでなく，特に顧客のニーズの変化が激しい今日では，"望ましい"製品・サービスを提供するための効果的（effective）なマネジメントであることが必要不可欠となる．

■バリューチェーン

次に，"望ましい"製品・サービスを生み出すための生産システムを構成するオペレーションとは何だろうか．オペレーションとは，狭義には業務や作業のことを指すが，企業を取り巻く環境，特に市場が刻々と変化する現代のマネジメントでは，生産システムを構成する個々の業務のオペレーションから，それらを連鎖させた業務連鎖としてとらえる必要性がある．すなわち，設計・開発（design

& development) から調達 (purchasing)，製造 (manufacture, fabrication)，物流 (physical distribution)，販売 (sale)，顧客サービス (customer service) に至るバリューチェーン (value chain：価値連鎖) の視点である (図1.1)．ただし一つの企業内部にこれらすべてのバリューチェーンをもつ必要はない．むしろそれぞれの業務に強い企業との連携や外部委託をすることによって，よりフレキシブルで安いコストのバリューチェーンを構成することもできる．

■新商品開発とサプライチェーン

オペレーションズ・マネジメントではその性格上，市場の変化に連動して調達，製造，物流，販売，そしてサービスの業務を連鎖させるサプライチェーン (supply chain) オペレーションのマネジメントと，市場ニーズの把握から新商品を創造・設計し，市場に投入する活動を継続的に遂行するための新商品開発 (new product development) オペレーションのマネジメントに区分される．そして財務 (finance)・経理 (accounting) や人事 (personnel)，研究開発 (R&D：research and development) 活動はそれらを支援する間接的なオペレーションと位置付けることができる．

"望ましい"製品やサービスを創造していくためのオペレーションズ・マネジメントの評価基準，あるいはグローバルな競争が激化している状況で競争優位 (competitive edge) の基準となるのが，

① スピード (speed または delivery)
② 品質・信頼性 (quality)
③ コスト (cost)

の三つの要素である．これらは QCD と呼ばれ，伝統的にオペレーションズ・マネジメントの管理特性としていわれるものである．これらは独立してでなく互いに関連したそれぞれ大事な要素であるが，最近特に重要さが増しているのがスピードである．

スピードとは，市場 (market) や顧客 (customer) の変化への対応スピードである．サプライチェーンオペレーションのマネジメントである SCM (supply chain management) でいえば，市場の変化に応じて効率を維持しながら的確にアクセルとブレーキが踏める体制がないと，企業収益に直結する売り損じという機会損失と，同時に不良在庫を発生させてしまう．新商品開発オペレーションにしてもタイムリーに新商品を市場に投入できないと，莫大な機会損失 (コラム

5.3参照）を蒙る．

> Column 1.1 ──
>
> **生鮮食料品化する製品・サービス**
>
> 　パソコン（以下PC）は，4カ月ごとに新製品が出現し，それに伴い旧モデルの価格は大幅に下落する．一方，部品価格は月2%というオーダーで下がる．このような状況では，PCを鮮度が売りものの生鮮食料品になぞらえたオペレーションズ・マネジメントが必要とされてきた．すなわち，顧客の注文をインターネットで受け，その情報を物流会社と共有し，製品設計をモジュール化することで個々の顧客の要求仕様に基づいて短時日で生産し，顧客に届ける．また生産情報は部品メーカーと共有し，実需（実際の需要）に引き付けて部品を調達する．さらに新モデルが出現する前に売り切るために，価格を操作して収益を最大化するソフトも開発されている．
>
> 　このようなビジネスモデルをはじめて構築し，PCの分野で競争優位を確立したのが米国のデル社である．しかしながら，世界的に激しいPC産業の競争の中で，今ではそれも生き残りの条件でしかなくなっている．同様な生鮮食料品化の例は多くの製品に及び，たとえば加工食品であっても，賞味期限ではなく，それよりも著しく短い製造後何日という期限内でなければ，小売店は商品を引き取らないということも今や当たり前になっている．

　価格低下の激しい現在では，新商品の立ち上げの遅れは競合他社に収益源をもっていかれることにつながり，また多くの在庫（inventory, stock）をもつことは運転資本の機会損失につながるだけでなく，商品自体の陳腐化（obsolescence）を招く．このような変化への対応スピードを高めるためにも，オペレーションを業務連鎖という観点からとらえる必要がある．

■**営業循環サイクル**

　一方，企業経営という立場からオペレーションズ・マネジメントをながめると，図1.1の下側の営業循環サイクルで説明できる．まず資金を調達し，その資金を投資して生産システムに投入する資産（3M）を獲得する（財務活動）．オペレーションズ・マネジメントの活動によりその資産を活用して製品・サービスを創造する．そして創造されたものが，販売され，売掛金となり，実際のキャッシュとして資金が回収されることによって，新たな資産の獲得や調達資金の返済に当てられる．このようなサイクルがスピーディに回り，かつ回収される資金が投資した資金を上回ることによって，企業はその活動を継続・発展させることが

できる．

　いくら効率的な生産をしてもそれが販売されないで在庫としてとどまる限り，資金が回収できず営業循環サイクルは目詰まりを起こし，企業の存続自体が危うくなる．営業循環サイクルにおいて投資と回収の差額を拡大させると同時に，循環速度を速めること，すなわち営業キャッシュフローを増大させることが企業経営の基本である．業務連鎖の視点でのオペレーションズ・マネジメントは，そのための基幹となる企業活動であると位置付けることができる．同時にこれは M. E. ポーターによる競争相手に打ち勝つための三つの基本戦略

　①コスト・リーダシップ戦略（cost leadership：生産から販売に至るコストを徹底的に削減し競争優位に立つ戦略），

　②差別化戦略（differentiation：コスト以外の技術や品質等に競合他社と差別化することによる優位性確保の戦略），

　③集中戦略（concentration：特定市場に経営資源を集中することによって優位性を獲得する戦略）

を，組織として実践するための原動力になるものである．

　以上のようなスピードを含めた QCD の管理特性に加えて，企業の社会的責任が問われて CSR（corporate social responsibility）の重要性を高まっている現在では，E（環境：environment）と S（安全：safety）への配慮や確保は，オペレーションズ・マネジメントにおける前提条件ともいえる．同時に顧客側からの環境対応への意識の高まりや，安全・安心の要請の流れにより，EやSもオペレーションズ・マネジメントの主目的となりつつあるのが現状である．

Column 1.2 ──

環境対応，安全確保とオペレーションズ・マネジメント

　地球温暖化への対応として環境負荷低減は待ったなしの状況である．3 R，すなわち reduce（使用資源の低減），reuse（再使用），recycle（再利用・再資源化）の活動に加えて，顧客の環境意識の高まりにより，環境配慮型の商品そのものが顧客や消費者が求めるものとなりつつある．すなわち，新商品開発を行う場合のターゲットとなっている．一般にオペレーションズ・マネジメントにおける効率化追求は多くの場合，環境負荷を低減することにつながる．たとえば，8章で取り上げる SCM の win-win の連携により，様々なムダや在庫移動やリハンドリングがなくなり，積載効率が上がれば環境負荷が低減できる．ちなみに貨物自動車の営自率（自

家用者と営業車の合計に対する営業車の割合：営業車は多くの荷主の貨物を対象とすることから積載効率は高まる）は，1990年度の70%から2005年度には86%に上昇し，それにより輸送トン距離数が増大しているにもかかわらず，この分野のCO_2排出量は5%削減できている．

一方，安全については工場や事業所における従業員の安全確保から，近年，食の安全・安心の意識の高まりや，電気電子機器に適用される鉛や水銀等の有害物質の含有量を規制するRoHS（ローズ）指令等によって，顧客に対する製品・サービスの安全確保の重要性が高まっている．そのための手段としては，使用している材料や部品の品質情報の履歴や組成を正しく把握し，製品が市場に出た後も，もしリコール等の品質トラブルが発生した場合は，関係製品をすばやく回収できるような体制が求められる．これらを一言でいえば，在庫とともに品質のトレーサビリティ（追跡可能性）ということであり，正にオペレーションズ・マネジメントの重要課題である．

1.2 オペレーションズ・マネジメントの難しさの要因

■三つの要因

それでは，オペレーションズ・マネジメントはなぜ難しいのであろうか．その"しくみ"を知ることで，科学的な対処法の原理・原則を導くことができる．それが経営工学の基本であり，経営学や技術経営と異なり"工学"という名がついているゆえんである．

SCMの立場からまずそれを考えよう．調達，生産，物流，販売というサプライチェーンにおけるあらゆる補充活動は，一番川下に実際の需要（demand：実需）があり，それがきっかけとなって喚起される．ところがこの需要は不確実性を伴い，常に変化・変動（fluctuation）する．売り損じ（機会損失）を嫌う小売店（retailer）では，そこで需要のバラツキを考慮して平均の需要量よりも少し多めに在庫をもつように，メーカー（maker）へ発注する．この需要の変動こそが，オペレーションズ・マネジメントを難しくしている第一の要因である．そして次にこの発注情報に対して，メーカーから実際に商品が届くまでには時間的遅れをともなう．この時間的遅れはリードタイム（lead time）と呼ばれる．あらゆる補充活動（replenishment）にはリードタイムが存在し，それが大きければ大きいほど変化や変動に対するオペレーションズ・マネジメントは難しくな

る．これが第二の要因である．

そして状況をさらに難しくしている第三の要因が，サプライチェーン（以下SC）を構成する組織の壁である．メーカーの生産活動は実需があってはじめて必要となり，そのためには小売店の実需情報も共有できればよい．ところがメーカーには発注という小売店の意思や思惑がからんだバイアスを含んだ情報しか入らない．メーカーはこのバイアスを伴った情報に基づいて，自らの補充（生産）の意思決定をせざるをえない．またこの生産という補充にもリードタイムが存在する．

■モデルケース

図 1.2 に示すような小売店とメーカー（工場）からなる簡単な SC で，これらの三つの要因がどのようにオペレーションズ・マネジメントの難しさに作用するかを見てみよう．

小売店には，各期（日）平均 10 個の実際の需要（実需）がある．これが第 3 期に 11，第 4 期に 12 と 20% 増えて，第 5 期以降は 10 に戻ったという数値例を考える（表 1.1）．小売店はこのような需要の変動に備えて品切れ，すなわち機会損失を防ぐために，当期需要量の 2 倍分の在庫をもつようにメーカーへの発注量（目標水準－期末在庫）を決めるものとする．工場への発注量は，1 期のリードタイム（LT），すなわち次の期の期首にメーカーから小売店に補充され，それがメーカーにおける販売量となる．

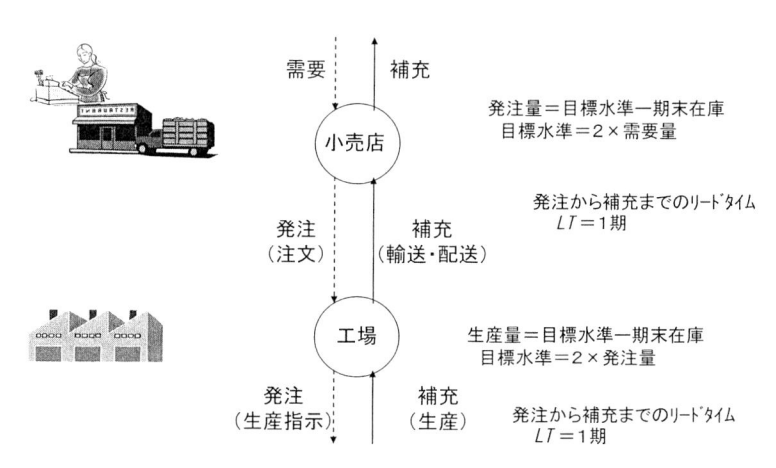

図 1.2　小売店とメーカー（工場）からなるサプライチェーン

表 1.1 ブルウィップ効果の数値例

小売店:発注量＝目標水準－期末在庫,
目標水準＝2×需要量,補充リードタイム＝1 期

	1	2	3	4	5	6	7
需要量	10	10	11	12	10	10	10
期首在庫	20	20	20	22	24	20	20
目標水準	20	20	22	24	20	20	20
期末在庫	10	10	9	10	14	10	10
発注量	10	10	13	14	6	10	10

工場:生産量＝目標水準－期末在庫,
目標水準＝2×需要量,補充リードタイム＝1 期

	1	2	3	4	5	6	7
受注量	10	10	13	14	6	10	10
期首在庫	20	20	20	26	28	22	20
目標水準	20	20	26	28	12	20	20
期末在庫	10	10	7	12	22	12	10
生産量	10	10	19	16	0	8	10

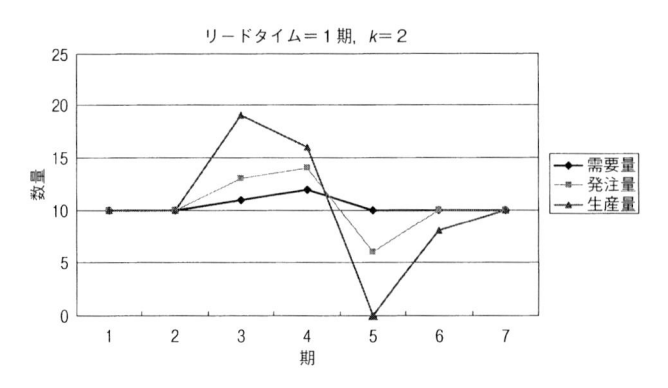

リードタイム＝1 期, $k=2$

　小売店からの発注量が次期の販売量となる工場にとっても，その変動に対処するために同様な発注(生産指示)のポリシーをとるものとしよう．すなわち，当期の販売量の2倍を次の期の期首に在庫としてもつように生産量を決め，生産したものはリードタイム1で次の期首に製品在庫となるものとする．このような前提条件のもとに，小売店での第3期，第4期の変動がSC全体にどのような影響を与えるかを示した数値例が表1.1である．

　小売店の実需の+20%の変動が，小売店の発注量(工場における次期の販売量)では±40%，そして工場の生産量では+90%から-100%まで増幅してい

る．このような現象は，ブルウィップ（bullwhip，すなわち牛をうつ鞭）効果と呼ばれ，SC の川下での小さな需要の変動が川上に発注情報として"伝言ゲーム"の形で伝播していく過程で，大きく増幅されることを指す．特に川上の工場では，第3期には通常の2倍という生産量の一方で，それが第5期の過剰な在庫につながり生産はゼロという，大幅な変動を生じさせている．これは残業等の生産コストを増加させるなどの様々な不都合をつくり出すことになる．

このような不都合を生み出しているのは，オペレーションズ・マネジメントを難しくしている三つの要因の相乗的な作用であり，概念的に，

オペレーションズ・マネジメントの困難度 ∝

変動 × 組織（部門）の壁の数 × リードタイム

と書くことができる．ここで困難度とは，実需に対する機会損失を一定にしたときの SC 全体に必要とする在庫量，あるいは逆に在庫量を一定にしたときの機会損失の大きさ等である．三つの要因のうち変動×組織の壁は"情報の流れ"（デマンドチェーン）であり，組織の壁×リードタイムは"物の流れ"（狭義のサプライチェーン）に相当するものである．またここでのリードタイムとは，正確には SC の中で変化対応のための全体のスピードを決める弱点，すなわち"ボトルネック"（bottleneck）の活動のリードタイムである（詳細については，8.2節参照）．

1.3 バリューチェーンと源流管理

■バリューチェーンの視点

在庫を少なくし，かつ機会損失も少なくするというのはオペレーションズ・マネジメントの基本的要件である．上の例では変動は±20%，組織の壁の数が2，リードタイム1期の場合に相当するが，困難を克服するためのオペレーションズ・マネジメントの腕の見せ所はどこにあるのであろうか．

実需の変動はコントロールできないにしても，小売店と工場で実需を共有できれば工場の生産量も小売店の発注量程度の変動に抑えることができ，ブルウィップ効果を防止できる．この実需に直接接しない川上の補充活動でも実需や川下の在庫状況の情報共有（information sharing）をすることこそ，小売の販売，工場の生産という業務を連鎖させる本質であり，バリューチェーンとも呼ばれる業

務連鎖の視点である．これにより，組織の壁に起因するコスト高を引き起こす変動や過剰な在庫を減らすことができるが，異なる組織間でこれを可能にするためには，情報共有によるメリットを双方でシェアする win-win ロジックに基づくゲインシェアリングのしくみが必要となる．

一方，リードタイムの影響はどうであろうか．もしリードタイムが0で理想的な場合には，在庫をもつということ自体が不必要になる．いくら需要が変動しても時間0で需要に対応できるので，在庫0でも機会損失を生じることはない．ちなみに上の数値例において，たとえば小売店への補充リードタイムを2にすると，発注量の変動は需要が100と一定となった後にも収まらず，周期的な変動が引き続く．このようにリードタイム，中でも業務連鎖全体を見渡してボトルネックとなるリードタイムを認識し，その短縮を図ることもオペレーションズ・マネジメントの重要な使命である．

次に組織の壁についてのさらなる影響を考えるために，再び表1.1の数値例をながめてみよう．工場における第5期の生産量は0である．この例の場合，理論的には「生産量0」が正解であるが，実際にこのようなことはなかなかできない．生産は0でも製造に関連した固定費や人件費は発生する．工場において販売部門と製造部門の責任権限が分かれ，工場は安く製造することが評価の対象となり，製造が終わった時点（実際の小売への販売ではなく工場仕切り価格（製造部門から販売部門への受け渡し価格））に対する利益（または1個当たりの生産コスト）で業績評価がなされる場合も多い．そうすれば第5期の1個当たり生産コストは ∞ になり，少しでもつくろうというモチベーションが働いてしまう．実際に生産すれば，その分さらに過剰在庫が積み増しされる．

Column 1.3 ───

組織内にも存在する部門の壁

A社では，工場の責任はA社の販売部門への製品受け渡し価格における利益最大化であった．販売部門とのトラブルも頻発し，製品在庫の増加やそれに伴うキャッシュフローの悪化が問題となっていた．表1.1の数値例を借りれば，工場の人件費を中心とした固定費は150万円/月，材料費の変動費は1個当たり20万円で，販売への仕切り価格は40万円である．この場合の工場の収益の損益分岐点は，$150/(40-20) = 7.5$ 個（5.4節参照）で，それ以上なら利益はプラス，それ以下ならマイナスとなる．そこで工場長は，最低8個は生産するということに固執し，第5期

の0というのは受け入れ難い提案であろう．もし8個生産すればその分A社の製品在庫は積み増しされる．このような工場利益の最大化は，いわゆる社内でも業務連鎖ができていないための部分最適の評価基準であり，現実にも案外観察される事象である．

オペレーションズ・マネジメントの使命として，特にスピードという観点から情報共有，リードタイム短縮および組織の壁を打ち破る業務連鎖の重要性について例示してきた．ICTの進展が目覚しい現在では，バリューチェーンをすべて内部化してこれを達成するというよりも，バリューチェーンにおけるそれぞれの得意（competency：コンピタンシー）をもつどうしが，連携（alliance：アライアンス）やアウトソーシング（外部委託）することによって，これを実現することの方がむしろ環境変化に柔軟に対応できる場面も多い．そのとき問題となる組織の壁をいかに打ち破り，いかにwin-winの解を提示できるかもオペレーションズ・マネジメントの重要な役割である．

■**源流管理の視点**

これまでQCDの特にDの側面からの現在のオペレーションズ・マネジメントに求められる効果的・効率的なマネジメントのあり方について述べてきたが，品質やコストの面から，バリューチェーンに加えてもう一つの重要な考え方が源流管理（英訳は，do it right at the source）である．図1.3に示す生産システムに関わる製品ライフサイクル（product lifecycle）において，その源流である新商品開発段階でいかに品質やコストをつくりこむか，という視点である．品質やコストは設計によって80%以上が決まるといわれる．スピードを競う時代である．

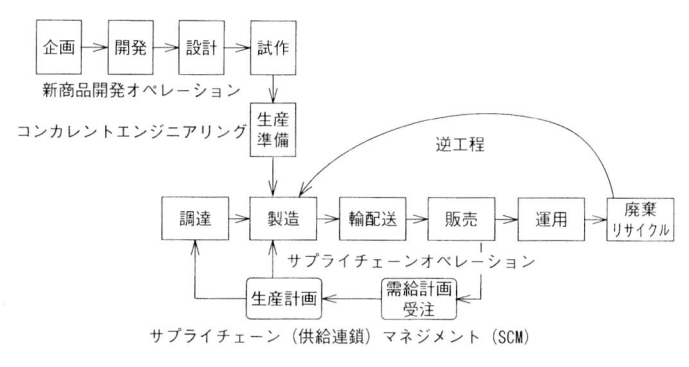

図1.3 バリューチェーンと源流管理の重要性

生産をはじめてから品質向上やコスト削減を図っても遅いし，もともと設計が悪ければその向上や削減には限界がある．その前に製品は市場から消えてしまうことにもなりかねない．

図中，コンカレントエンジニアリングとあるのは，新商品開発においてそれを構成する業務プロセスをなるべくオーバーラップさせ，開発期間を短縮する活動を指す．そのためには，新商品開発にかかわる業務プロセスで情報共有を図りながら，いかに品質，コストのつくり込みを源流で行い，手戻りを少なくすることが求められる．

以上のように「変化の時代」のオペレーションズ・マネジメントとしては，バリューチェーンと源流管理という観点のもとで，時間軸上からは中長期的な将来を見越した戦略 (strategy) と短期的な戦術 (tactics) を立案した上で，業務 (operation) レベルのマネジメントのサイクルを効果的・効率的に回していくことが大切であるといえよう．そして特に業務レベルでは，変化への迅速な対応のために，"今，何に，どこで，何が起きているか" というバリューチェーン全体を "見える化" できている体制が求められる．

【演習問題】

1.1 表1.1の例において，補充リードタイムが1期から2期になった場合にはどのようなことが起きるか．小売店の場合について計算せよ．その際，期末在庫の定義は，有効在庫＝手持在庫＋発注済みオーダー（発注量，生産量）とせよ．また需要に欠品が生じた場合は，バックログを許すとする（在庫が入荷するまで待ってくれる）．

1.2 前問で起こる問題を防ぐために，需要量の k 倍の目標水準の設定を，$k=3$ としたとき，小売店，工場の表を完成せよ．また表1.1の場合と比べてどのようなことが起きているかを述べよ．

1.3 1.2の問題を解決するには，どのようなマネジメントが要求されるか．そのようなマネジメントは何と呼ばれるか．

1.4 源流管理とは何か．そしてオペレーションズ・マネジメントにおいてその概念が重要とされる理由を簡単に述べよ．

2 オペレーションズ・マネジメントの進化：効率の追求から効果的効率化へ

　効率的なオペレーションの基本は，それを遂行するためのベストな標準をつくり，それに従って仕事をすることである．オペレーションズ・マネジメントは，標準という概念をベースにして，改善や業務連鎖，そしてICTを武器としたビジネスモデルへと変遷してきた．それらは互いにおきかわるというよりも前のモデルをベースに，さらに新たな要素を積み上げることによって進化するというように，それぞれがオペレーションズ・マネジメントを構成する重要な要素である．

2.1　米国モデルと日本モデル

　オペレーションズ・マネジメントの原点は，今から約100年前にF. W. テイラーによって，「標準」という概念が確立されたことにある．これによって個人がそのやり方の主導権をもっていたオペレーションを，経営者側がコントロールできるようになり，生産効率化の原点となった．以来，図2.1に示すように，トップダウン的に効率化を追求した米国モデル，そして1970年を境に世界的に供給力が需要を上回ることにより，デマンド側の変化への効果的対応のための改善アプローチを組み込んだ日本モデルが主流となり，さらに1990年以降，ICTの活用による新たなパラダイムが加わってくる．ここでいうパラダイムとは，その時代での競争優位が示されて広く普及したモデルを指す．

　このようにオペレーションズ・マネジメントのパラダイムの変遷は，変化への対応の必要性から標準にプラスして改善アプローチが加わり，同時に作業からライン，ラインからさらにデマンドを起点としたバリューチェーンへ，その対象範囲を拡大してきた．さらに最近では変化への対応にバリューチェーン全体を"見える化"するため，ICTという武器が活用できるようになってきた．

14   2. オペレーションズ・マネジメントの進化：効率の追求から効果的効率化へ

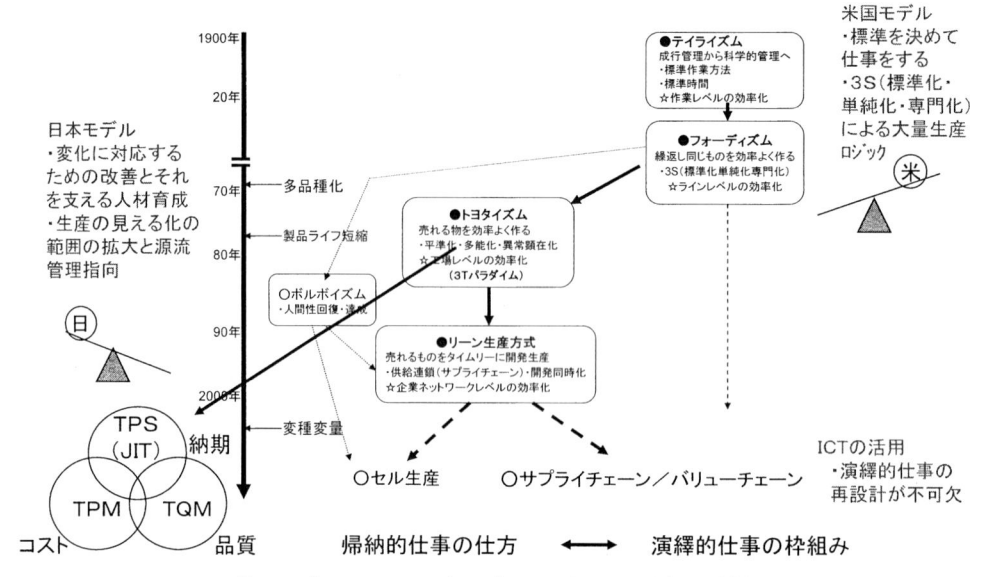

図2.1 オペレーションズ・マネジメントのパラダイムの変遷

　図2.1には，このようなオペレーションズ・マネジメント上のイノベーションともいえる概念をいくつかキーワーズとして示してある．これらは互いにおきかわるのではなく，デマンド側の変化，すなわち多品種化，製品ライフ短縮という時代の要請に従い付け加えられたものであり，その変遷を理解することで，これから先に何が起こるかを読むことにつながるものである．

2.2　IE, 標準化と3S

■科学的管理法

　オペレーションズ・マネジメントあるいは経営工学の起源は，20世紀初めのF. W. テイラーの科学的管理法（scientific management）にある．テイラーは，成行管理と呼ばれていた当時の生産現場に，はじめて標準（standard）という概念を持ち込んだ．作業（operation）をするとき，まず最適なワンベストウェイ，すなわち作業手順を決める．そして，"熟練した人" が作業手順に従ってかかる時間が標準時間である．標準時間を決めるために，ストップウォッチにより実際に作業にかかる時間を観測し，その速度をレイティング（rating：訓練され

た人が速度を評価）により調整するという科学的方法が考案された．標準を設定し，それに従って仕事をする，そして標準があることで計画や管理を可能にしたという点で，企業経営の基礎を築いたのである．この標準あるいは標準化ということは，現在でも効率的な仕事の仕方のベースを与えるものとなっている．

このテイラーを起点として，ムダやムリのない，最適な作業標準をどのように決めるかの作業研究（work study），そして作業を分解して動作レベルで経済的な動作を決める動作研究（motion study）等，IE（industrial engineering）と呼ばれる学問が形成され，それが現在の経営工学の原点となっていく．そして，手を伸ばす，つかむ等の基本動作レベルまで作業を分解すると，それにかかる標準時間は，使用身体部位，距離，動作の困難性（重量または抵抗，停止，調整，注意，方向変更の有無）等のパラメータにより普遍的に決まる．これを積み上げることによって標準時間が決まるというPTS（predetermined time standard：規定時間標準）にいきつくことになる．このPTSには，たとえば，WF（work factor）やMTM（methods time measurement）等，現在いくつかの一般的な手法が知られているが，各社で社内標準として独自の時間標準を有している場合も多い．

■3S

テイラーからすぐ後，3S，すなわち標準化（standardization），単純化（simplification），専門化（specialization）という効率的な大量生産の基本ロジックが提起される．1908年から生産が開始されたT型フォードで有名なF.フォードによるものである．ここでいう標準化や単純化は作業だけでなく，製品設計や部品設計にも適用される（後述の源流管理の考え方）．これにより部品（parts）の加工がしやすくなり，かつ互換性（interchangeability）により組立も効率化される．さらに従来，1台の車の組立作業のサイクルは約500分であったものを，作業工程を細分化することで，たとえばタイヤの取り付けといった2分程度の作業サイクルに短縮化・専門化された．これによって熟練工でなくても早期に作業に習熟することを可能にし，個々の専門化された作業工程を連結し，車体の方をコンベアで移動させる，いわゆるコンベア方式が編み出された．ラインへの部品供給も専門の作業者が担当し，これによって移動や手待ち等が激減される．

ちなみに，フォード以前に2,000ドル以上していた車は，T型フォードでは300ドルまで低価格化され，1922年には全米で200万台も販売され，車を一気に

大衆化させた．同時に自動車の生産性はテイラー以前，成行管理の時代と比べて，50倍高まったといわれる．フォードの3Sやコンベア方式の考え方は，同じものを繰り返しつくる大量生産（mass production）のモデルとして広まっていく．いわゆる，標準化，3Sに基づく米国モデルの完成である．

Column 2.1 ──

オペレーションズ・マネジメントと経営戦略

　フォードは，「米国民に一生仕える，頑丈で，安価な実用車を供給する公器」という奉仕の精神と呼ばれる経営理念をもとに，3Sを考案し，顧客には低価格，従業員には高賃金を実現した．ところが1927年には「あらゆる予算，用途，人のための車」を標榜したGM（ゼネラル・モーターズ）が台頭し，フォードは一気にシェアを失う．株主利益主義の専門経営者GMのA.スローンにより，所得階層に応じた製品ラインアップや事業部制（製造，販売，人事，経理等の職能別組織に対して，本社から事業ごとに事業運営に関する責任・権限を委譲された組織形態）等，マーケティング戦略やその効率的経営のための新しい会社組織形態が導入される．一方，絶対権力者であり一族で株を占有するフォードは，部下の新機種開発提言に耳を貸さず，T型フォードだけに固執したことにより，一気にGMの後塵を拝することになる．いくらオペレーションズ・マネジメントに優れていても，経営戦略自体を間違えばそれが生かされないことの教訓である．なお，スローンによるマーケティングや組織戦略等は，その後，彼自身の寄付によって設立される専門経営者育成（MBA）を目指すビジネススクール（MITのスローンスクール）での教育の柱となる．

■SQC：統計的品質管理

　1930年代になると，QCDの中の品質（quality）についてのオペレーションズ・マネジメントが出現する．製造品質にはバラツキがあり，これを統計的な考え方のもとに管理，改善しようというものである．その代表例はW. A. シューハートによる管理図（4.3節参照）であり，その後，多くのSQC（statistical quality control：統計的品質管理）手法がQC（quality control：品質管理）のために考案される．加えて数理統計学をベースにした客観的データとその分析に基づくオペレーションズ・マネジメントの基礎が形成される．

■人間的側面と生産性

　一方，作業効率や生産性向上に，ワンベストウェイな作業手順やレイアウト等の物理的作業環境を追求したテイラーの流れに対して，作業者の心理的側面や人

間関係の重要性を発見したのが E. メイヨらによるホーソン実験である．これを契機に，意欲やモチベーション向上のための職務設計の研究や，企業にそれを担当する部署が設置されることになる．

Column 2.2 ——

ホーソン実験とホーソン効果

　ホーソン実験とは，1920 年代後半にシカゴ郊外のウエスタンエレクトロニクス社ホーソン工場で 3 年間行われた生産効率向上のための要因を探る実験のことである．最初に工場内の照明，温度，湿度，そして休憩回数等の働く作業環境条件の影響の実験が行われた．これらの条件を変えていくうちに生産効率は向上し，環境条件を最適にすることで効率はアップすることが結論付けられた．しかしながら，しばらくしてこれらの条件を元に戻したが，それでも生産効率は変わらなかった．やがて作業者の心理的側面や人間関係の方が，環境条件よりも効率に大きく影響することが最終的にこの実験の結論となり，以降の職務設計の研究を方向付けるものとなった．

　ところで当初結論付けられた作業環境条件の影響のことを，ホーソン効果と呼ぶ．効率アップは環境条件の変化ではなく，"自分たちは重要な実験に選ばれた"という意識が効率アップにつながったというものである．人間を対象にした実験や調査にはこのような効果を伴うことが多く，現在ではそのことの注意を促す学術用語としてホーソン効果という言葉が用いられる．

Column 2.3 ——

職務設計・組織論とオペレーションズ・マネジメント

　ホーソン実験から時代が流れ，1960 年代頃には，組織の中でいかに働く人の意欲を高めるか，そのためのインセンティブは何かの研究が行われた．たとえば，D. マクレガーの X 理論，Y 理論が有名である．X 理論は，人は本来怠け者という性悪説であり，そのための管理・監督が不可欠というものである．一方，Y 理論は，人は本来働き者であり，適当な目標さえ与えれば動機付けられ成長するというものである．普通に考えれば，Y 理論に立ったマネジメントが望ましいが，現実には必ずしもそうはいかないようである．

　一方，F. ハーズバークは，組織が個人に与えるインセティブには，不快を回避する衛生 (hygiene) 要因と，成長や自己実現につながる動機付け (motivator) 要因という 2 種類があることを示した．職場環境や水平的な職務拡大等は前者であり，それをいくら改善しても不満は解消するが満足にはつながらない．達成感，責任権限の拡大を伴う職務充実や昇進等の動機付け要因により，満足やさらなる成長

のインセティブに有効に働くというものである．

　このようなY理論や動機付け要因の実践面での功績は，1970年代以降のわが国のオペレーションズ・マネジメントである．すなわち，変化に対応するための多能工育成とそれに伴う品質や設備に対して責任をもつという権限の拡大や，QCサークル等全員参加による品質向上活動である．一方，欧米では1980年代後半まで，テイラーイズム（ワンベストウェイの標準に従って仕事をする）とX理論（標準に従う以外余分なことはするな式の管理）が結びついた硬直化したオペレーションズ・マネジメントが主流であった．1980年代後半に徹底的なわが国製造業のベンチマーキング（この用語については後述参照）により，日本モデルのオペレーションズ・マネジメントが一気に全世界に普及することになる．その過程で，権限の拡大モデルはエンパワーメント（empowerment）という言葉におきかえられていく．

■オペレーションズ・リサーチ

　1950年代に入ると，第2次世界大戦，すなわち軍事やロジスティクス（後方支援活動）の戦略・戦術・オペレーションの策定の過程で開発された管理技術がオペレーションズ・マネジメントに入ってくる．その代表例がOR（operations research：オペレーションズ・リサーチ）である．線形計画法や待ち行列理論に代表される数理モデルや，統計・シミュレーションのもとでの最適化手法が，生産計画や在庫管理といったオペレーションズ・マネジメントの場面での意思決定に適用されるようになる．また数理手法としてだけでなく，PERTといったプロジェクトの実践的な日程計画・管理手法としてそのまま民用に転用されたものもある．同時に意思決定の階層や時間スパンをあらわす戦略，戦術，業務という用語や，ロジスティクスという言葉自体が，オペレーションズ・マネジメントの分野にも転用されることにもなる．またこの頃から，経営工学の学問体系として，IE，QC，ORが3本柱として君臨する時代がしばらく続く．

■コンピュータの活用

　1970年代に入ると，現在のオペレーションズ・マネジメントにつながる大きな二つの流れが出てくる．その一つはオペレーションズ・マネジメントの手段としてのコンピュータの活用である．その端緒となるのが，生産の計画・管理ソフトとしてのMRP（6.2節参照）の登場である．複雑化した製品やその構成部品の生産計画においては，従来，各部品レベルで在庫をもつことでその煩雑さを避けていたのに対して，コンピュータの威力によって最終製品から部品の従属性を

用いて,トップダウン的に部品の生産や購買の計画を作成・支援するものである.

MRP は生産計画の基本として普及するとともに,その後オペレーションズ・マネジメント全体に支援機能を拡大し,現在の ERP (enterprise resource planning) につながってくる.同時に 1980 年代に入ると CAD/CAM 等,設計開発支援ツールとしても活用されるようになり,生産設備の自動化の流れとも呼応して CIM (computer integrated manufacturing) という用語が喧騒される時代に突入する.

Column 2.4

ボルボイズムの行方

図 2.1 の左に,次に述べるトヨタイズムを挟んでボルボイズムがある.これは効率化を追求するために標準に従って短いサイクルで仕事をする米国モデルから派生する人間性疎外の問題に端を発するものである.ボルボのあるスウェーデンは社会保障が発達していることで有名である.1980 年代にボルボでは無断欠勤や離職者の問題で悩んでいた.その原因はチャップリンの映画『モダン・タイムス』で知られる人間の仕事の機械部品化という人間性疎外の問題であり,また,たとえ無断欠勤しても社会事務所に行けば賃金が保証されるという社会保障制度にあった.

この問題を解決すべくボルボのカルマ工場での工具やラインをオペレータごとにカスタマイズする等の実験を経て,ウッデバラ工場ではラインを廃止し 10 人程度のグループで組立作業をするガレージ方式が導入された.そのグループでは自分たちでリーダーや作業手順が決められ,必要な部品が自動搬送されるガレージ,すなわち組立ステーションの横にはコーヒーが自由に飲める小奇麗な休憩所まで設置された.これにより,1 台の車を自分たちで完成できるという達成感が実現され,欠勤率や離職率は大きく改善された.

しかしながら,生産性という面では問題を残し,EU 統合の波と世界的な競争激化の中でこの試みは消え,オペレーションズ・マネジメントの流れとしてはこの後述べるトヨタ生産方式,リーン生産方式に飲み込まれてしまう.ガレージ方式は,後述する最近わが国で登場したセル生産に近い.時代と技術の変化の中でガレージ方式の特質が再度吟味される日が将来くるかもしれない.

2.3 TPS と日本モデル

■ **TPS:トヨタ生産方式**

フォード以降のオペレーションズ・マネジメントの新しい流れは,わが国の製

造業で起こった．日本モデルの台頭である．1970年頃を境に世界的に供給力が需要を上回るようになる．多品種化が進行し，"つくったものを売る"時代から，"売れるものをつくる"という発想の逆転が求められる．それをオペレーションズ・マネジメントとして実践モデルにしたのが"JIT（ジャストンタイム）"(just-in-time)と"自働化"(autonomation)を柱とするトヨタ生産方式(TPS)である．高品質を前提とし，量が変動しても利益が出せる原価低減を目指したものづくり体制である．大野耐一（図2.1において，TPSはトヨタイズムまたはオオノイズムとも呼ばれる）は，これを団体競技に喩えて，"自働化"がどんな状況にもフレキシブルに対応できる人，および設備の自律機能化（不良品をつくらないための自動停止装置のビルトイン）という個人技を磨くことであり，必要なものを必要なだけ，必要なときにつくる"JIT"がチームとしてのパフォーマンスを発揮するための連携プレー（業務連鎖）と位置付けている．

そこでは変化に対応するための業務連鎖としてのオペレーションズ・マネジメントに，新たな三つの要素が付加されている．ひとつは環境変化に対応するための改善（kaizen, continuous improvement）である．標準に従うことは基本であるが，それだけでは間に合わない．「変化の時代」には，システムは完成した時点で陳腐化する．常に改善，体質強化することではじめて変化に追随できる．2番目はこれを支援するための道具立てである．"目で見る管理"（visual control），すなわち工場内の問題や弱点を可視化，見える化（visibility）するための自働化，アンドン（andon board, electric light board：稼動状況を示す掲示板やライト，図2.2参照）等の様々な"しかけ"が考案される．在庫も体質強化の道具とみなされる．まず在庫を削減すれば弱点（ボトルネック）が見つかる．それを改善・強化し，さらに削減すれば次なる弱点が見つかる．これを繰り返すことで在庫削減が図られる．第3はTPSを実践できる人材育成である．量が減っても効率を維持するためには，多台持ち（multi-process handling）等，一人一人の設備，工程の守備範囲を増やす必要がある．すなわち，フォードの単能化（専門化）に対して多能工育成（muti-skilled operator, development）である．加えて品質や設備の改善にもオペレータ（作業者）に責任権限を与え，それを遂行するための能力育成が底辺にある．

■ TQCとTPM

標準化をベースにその上で改善を組織全体で駆動させるという仕事の仕方は，

品質や生産設備を対象としたものも同じ時代にわが国で形成される．TQC (total quality control)，TPM (total productive maintenance) (TPSと併せて3Tと呼ばれることがある）である．中でもTQCは，戦後米国から学んだSQCを起点として，品質向上を製造部門だけでなく，"次工程はお客様"という基本理念に基づいて全社，全員参加の活動に拡大する．そのための"しかけ"として，社長方針から第一線の従業員まで方針をブレークダウンしPDCAサイクルを回す方針管理，職場での品質向上を図る小集団活動であるQCサークル，そして部門横断的なメンバーによる機能別管理（後にcross-functional management と訳されて世界に広がる）等がある．

現在，TQCはTQM (total quality management) と名称は変更されたが，そこで形成された概念は，現在のオペレーションズ・マネジメントでも脈々と引き継がれている．その中で品質に限らずコスト効率化の究極の概念が源流管理である．もともとわが国のQCは，欧米流の検査で品質を保証するのではなく，製造工程そのものをよくすることをスローガンにはじまった．さらに製品設計が終わって製造段階でいくら品質向上の努力をしても限界があることを学ぶ．"品質・コストは開発・設計段階で80％決まる"といわれるように，製品ライフサイクルの源流である開発・設計段階でつくり込むことに，改善努力をシフトさせるようになってくる．

■リーン生産方式

1980年代末になると，製造業，特に自動車産業における日米の品質や製品開発スピードの格差が歴然となってくる．それが日米貿易摩擦を引き起こすと同時に，国を挙げてのわが国製造業の仕事の仕方の研究，すなわちベンチマーキング (benchmarking) がはじまる．ベンチマーキングとは，その分野で最も優れたベストプラクティス企業（ベンチマーク）を対象として徹底的にその仕事の仕方を研究し，自社と比較することで改革を起こそうという経営手法であり，ベンチマーキングという手法そのものもこのとき生まれた．

その成果のひとつが"リーン生産方式" (lean production) と呼ばれる日本モデルの体系的な形式知化である．その内容はTPSやTQCと重なるが，それよりも広い範囲での業務連鎖モデルである．ここで初めてサプライチェーンという用語が生まれるように，系列という範囲での売れるものをつくるための組織間レベルでの業務連鎖という概念が形成される．もうひとつは同様なシナリオに基づ

くコンカレント（同時進行）な新製品開発のための組織間レベル業務連鎖である．これらの強みを日本人自身はあまり意識せず，暗黙のうちでの実践であった（その意味で形式知化という言葉を用いてある）．いずれも現在のオペレーションズ・マネジメントのあり方の雛型となるものである．そしてともすれば人対人の暗黙知の共有に支えられていた日本モデルが，リーン生産方式を通して世界モデルへ昇華したといえよう．

Column 2.5

目で見る管理から見える化へ

最近，見える化（visibility）という言葉が流行している．その原点はTPSにおけるアンドンに代表される目で見る管理にある．図2.2に示すようにアンドンは，今，工場内で何が起きているか，特に異常が一目でわかることにより問題に対応しようというものである．わが国の製造業では，最も基本的な5S（日本語の五つのSを模した英語版，ドイツ語版も存在する）をはじめ，多くの目で見る管理が活用されている．現在では，事業所内からバリューチェーン，あるいは経営面での見える化のためにICTを駆使した道具が，オペレーションズ・マネジメントの武器として考案，活用されている．

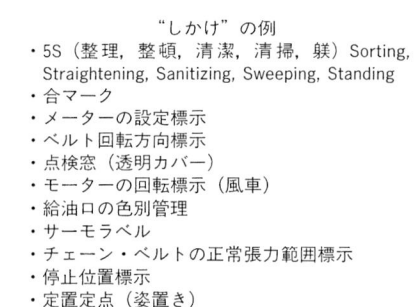

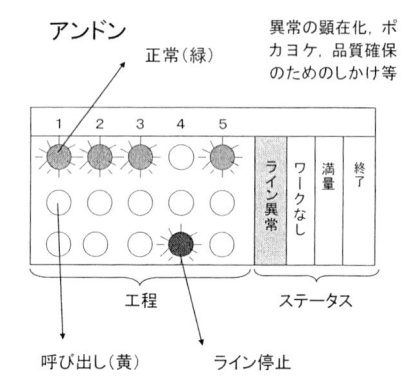

"しかけ"の例
- 5S（整理，整頓，清潔，清掃，躾）Sorting, Straightening, Sanitizing, Sweeping, Standing
- 合マーク
- メーターの設定標示
- ベルト回転方向標示
- 点検窓（透明カバー）
- モーターの回転標示（風車）
- 給油口の色別管理
- サーモラベル
- チェーン・ベルトの正常張力範囲標示
- 停止位置標示
- 定置定点（姿置き）

図2.2 目で見る管理と見える化（可視化）

2.4 ポスト日本モデルとICTの活用

1990年代になるとJIT，TQM，TPM等の日本モデルが急速に世界的な普及をする．Kaizenはもはや世界のものづくりの共通語となる．加えて日本モデル

を超えよう，あるいは改善の積み重ねの限界を超えようとする新しいオペレーションズ・マネジメントが登場する．そのひとつが米国を中心に，ICT（情報通信技術）を武器にしたオペレーションズ・マネジメント革新モデルとしてのリエンジニアリングであり，今ひとつがTOC（制約理論）である．

■ **リエンジニアリング**

M. ハマーによるリエンジアリングとは，"コスト，品質，サービス，スピードといった重大で現代的なパフォーマンス基準を劇的に改善するために，ビジネスプロセスを根本的に考え直し，抜本的にそれをデザインし直すこと"と定義される．ここでビジネスプロセスという言葉が登場する．顧客（社内顧客を含めて）という視点からの一連のオペレーション，すなわち業務連鎖であり，これにより管理間接部門やサービス業でのオペレーションズ・マネジメントの改革が広く認識されることになる．さらに劇的な改善や，抜本的なデザインという言葉の裏には，IT（情報技術）（この頃からコンピュータよりもITという言葉が使われるようになり，最近ではICTと呼ばれるようになる）の活用がある．その活用を考えれば，複雑化したビジネスプロセスはシンプルにでき，それによってパフォーマンスは劇的に向上するというものである．

■ **TOC**

一方，TOC（theory of constraints：制約理論）は，もともとはイスラエルの物理学者であったE. ゴールドラットが，1980年代に考案したボトルネック資源に着目した生産スケジューリングから，その考え方を拡張したものである．そのロジックは論理的かつ単純明快である．企業のゴールはお金（販売によるスループット）を稼ぎ出すことである．スループットを稼ぎ出すメカニズムは鎖のアナロジーで説明できる．鎖（企業）のゴールである全体強度（スループット）は，個々の鎖のリンク（諸活動）の強度の和ではなく一番弱いリンク（ボトルネックまたは制約条件）によって決まってくるというものである．これに対して日本の改善モデルには，ゴールに対する制約条件は"何か"という視点がない，それを外した絨毯爆撃的な改善は効果がなく，制約条件の現状の実力でも最大限に活用する最適化ロジックが欠如している，という批判をしている．TOCおよび改善モデル批判の是非については，第10章で詳しく論じる．

Column 2.6 ──

オペレーションズ・マネジメントと 20%-80% の原則

　オペレーションズ・マネジメントに関連して，20%-80% の原則というのが随所に登場する．まず在庫の ABC 分析や，品質管理のパレート分析においては，20% の品目や問題が全体の 80% の取り扱い額や不良品額（件数）に占めるという重点指向の道具として用いられる．また ICT の有効活用ということでは，ICT の技術的な問題は 20% で，残りの 80% は組織や手続きがそれに従ってどのように変わるかが問題であることを意味している．同じく ICT の導入に際して，20% のベストプラクティスと 80% のコモンプラクティスは，競争する必要のない部分にはなるべく標準を採用してコストを下げる必要性と，標準の普及を促すキャッチコピーとなっている．

　これに対して TOC では，鎖のアナロジーから 20%-80% のパレートの原則に基づく重点指向は成り立たず，1：99 の原則ということがいわれている．これはオペレーションズ・マネジメントのゴールを決めている制約条件を外すと，後の手立ては何も意味はないということである．変化の時代のオペレーションズ・マネジメントには，まず"何を"変えなくてはいけないか，改善しなくてはならないか，という 100 の中の 1，すなわち制約条件をまず認識する必要があるというのは正論であろう．

■ ICT による革新

　1990 年代半ばになると，リエンジアリングや TOC に限らず，バブル崩壊後の出口の見えないわが国の産業にも，様々な時代の流れと米国流にカスタマイズされたもともとはわが国生まれのオペレーションズ・マネジメント手法がブーメランのように流入してくることになる．一方，ICT の飛躍的な技術革新と低コスト化によって，オペレーションズ・マネジメントにおける ICT の活用が増加する．ホスト系から PC の普及に加え，1990 年代後半からインターネットや WWW（world wide web）の活用が世界的に一気に普及する．SCM や E-コマースという言葉が登場するのもこの頃である．それよりも前に出現したものに，オペレーションズ・マネジメントにおける取引先とビジネスデータの電子的な交換の手段としての EDI（electronic data interchange）がある．

　EDI に限らずあらゆるビジネスは，CAD データのような技術データも含めてデータ交換からなる．その際，グローバル化したビジネスで劇的なコスト低減やスピード向上に結びつけるためには，標準化ということが問題となる．取引先の

2.4 ポスト日本モデルとICTの活用

企業ごとに異なるプロトコルでEDIを運用すれば，それだけ再入力や変換ソフト地獄に陥ってしまい，ICTの潜在能力を削いでしまう．これを解決しようとしたのがCALS (computer aided logistics supportからcommerce at light speedまでいくつかの説明語が存在) である．

もともと1980年代後半に米国国防総省のペーパーレスの取り組みからはじまったCALSは，"製品ライフサイクルの源流で一度入力をした情報を広く合意されたオープン標準（技術，ビジネス，文書）を用いて，製品ライフサイクルにわたり何回も変換・活用することによって，光のスピードでのビジネスを実現"という概念に進化する．わが国でも1990年代半ばにCALSブームが起こる．究極の業務連鎖のプラットフォームを与えるこの概念に間違いはないが，未だ実現されていない．CALSに限らず，競争社会において，競争あるいは差別化と，皆が参加すればコストやスピードを著しく効果のある標準化をいかにバランスさせるかという問題はこれからの課題であろう．

一方，このようなICTの進展によって，SCMに代表される業務連鎖は，様々な形態で現在にいたるまで形成されつつある．従来のメーカー主導ばかりではなく，小売主導や，メーカーでも小売でもない3PL (third party logistics) と呼ばれる物流，卸，商社等の第三者が情報コーディネーターとしてリードするものなど，様々な形態が存在している．これを後押ししているのは，様々な規制緩和や，グローバルな競争の中で登場した経営戦略としての資源投入の"選択と集中"ロジックである．ここで選択は事業分野だけでなく，業務連鎖についてもいえる．自分のコアコンピタンスに資源を集中させ，それ以外は業務をアウトソーシングするような戦略的連携である．それはメーカーにとって物流や情報だけでなく，自社では製品開発とマーケティングに特化し，生産そのものをアウトソーシングの対象とする場合もある．その受け皿として登場したのがEMS (electronic manufacturing service) と呼ばれる製造受託会社（逆にいえば製造に特化）である．水平分業と呼ばれるこのようなビジネスモデルは，エレクトロニクス製品を中心に米国と台湾や中国といった地球規模で行われるようになっている．

Column 2.7 ──

演繹的仕事の仕方と帰納的仕事の仕方：ICTとの相性

演繹的仕事の仕方とは，まず業務の最適な手順の標準をつくってそれに従って仕

事をすることをいう．それに対して帰納的仕事の仕方というのは，業務に関わる変化を観察し，そこから手順そのものを改善するような仕事の仕方をいう．ものづくりの歴史でいえば，テイラー，フォードにより，効率的な大量生産の演繹的仕事の仕方が確立された．ところが多品種化や製品ライフ短縮といった変化の時代になると標準に従うだけでは対応できず，日本モデルのような個々のメンバーが帰納的仕事の仕方を身に付けることが求められてくる．ただしそれは標準のベースがあってはじめて意味をなすものである．

　製造業に比べて標準化があまり徹底されていないと思われるサービス産業や，ものづくりでもICTの有効活用を図るため，そしてグローバルな文化が入ってくる状況では，話は別である．再びまず演繹的仕事の仕方を確立する必要がある．その点で米国から入ってくるサービス業，マクドナルドやディズニーリゾートでの接客態度等には，標準化が徹底的になされていることに気付くであろう．まず演繹的仕事の仕方が設計され，それをマスターしてはじめて改善等の帰納的仕事の仕方が生きてくるし，それがオペレーションズ・マネジメントの差別化につながる．

　さらにグローバル化がますます進展する現在，特にICTを活用したビジネスモデルでは，ISOに代表される国際標準をいかに戦略的に取り込むかということが競争優位のための前提となる．その意味では現在，オペレーションズ・マネジメントの武器であるICタグや関連したビジネスモデル等のISO化が急激に進展しつつあり，標準化戦略とそれに対応できる人材育成の視点が，新たにオペレーションズ・マネジメント上の重要事項として浮上している．

■オペレーションズ・マネジメントの将来

　このように，オペレーションズ・マネジメントが異なる組織間にわたる業務連鎖にまで対象となると同時に，地球環境保全の高まりによって，開発・設計から販売，サービス，そしてリサイクルまでの製品ライフサイクル全体を視野に入れなければいけない時代に突入した．たとえば新商品開発オペレーションの源流管理では，DfE（環境対応設計）等QCDに加えてE（環境）をつくりこむことがオペレーションズ・マネジメントの評価基準に加わる．一方，グローバル化の進展によって説明責任ということが企業に求められてくるようになった．オペレーションズ・マネジメントに関していえば，ISO 9000（品質マネジメントシステム）やISO 14000（環境マネジメントシステム）の取得がその例である．これらはいずれも第三者機関が当該企業の品質あるいは環境に関する手続きのシステム（パフォーマンスではない）が整備されていることを審査し，認証を与えるものである．さらに会計基準もグローバル標準に改訂され，オペレーションズ・マネジメントの直接的な成果であるキャッシュフロー計算等義務付けや，逆にそれら

の成果を積極的に公開する動きも進展している．

一方，その間狭義のものづくりにも，TPS，リーン生産方式はグローバルスタンダードとして現在でも生き続けているが，PCやAV機器等の製品ライフが短く変化の激しい業界では別の概念が登場する．ひとつはアジャイル（agile：俊敏さ）やマスカスタマイズ（mass customization）と呼ばれるものである．PCに代表されるように生産リードタイムを短縮するために製品設計のモジュール化を行い，そのモジュールの組合せで俊敏な生産を可能にし，加えて多様な個々の顧客の要求に応えようというものである．

一方，わが国では，1990年頃までに指向された自動化の流れから一転して，セル生産が一世を風靡することになる．AV機器や事務機のように，著しい変化に晒される状況では，少ない投資でラインの増減や改廃ができるように，多能工あるいは万能工やマイスターと呼ばれるどんな仕事もこなせるオペレータを育成し，自己完結性の高い一人あるいは少数の人員でセル（ライン）を構成して組立を行うものである．移動時間をなるべく少なくするために間締めという工程を圧縮し，投資を少なくするためにLCA（low cost automation：ローコストオートメーション）と呼ばれる様々なしかけを工夫・導入したラインである．生産が増えればセルの数を増やし，ストップすれば明日は全く別の製品をつくるラインに改変することも可能である．

このような自動化や生産形態は，需要の変化の程度と自動化技術の進歩に応じて変わってきた．現在も業種によって変化に晒されている程度が異なり，それに応じた生産形態が選択され，そしてロボットに代表される自動化技術の進歩がそれを追いかけるということが今後も続くことになろう．

Column 2.8 ──

生産形態と自動化の歴史

機械製品についていえば，フォードの機械加工ではトランスファーマシン，組立工程では流れ作業の考案から，工程は連結したラインを構成することによって生産性を高める方向で進んできた．それに伴ってラインの長さはだんだん長くなる傾向になった．フォードの場合，リュージュ工場では製鉄から完成車まで垂直統合させた工程の連結が行われた．化学コンビナートのようなプロセス産業でも同様である．この方向が変わるのは，"つくったものを売る"から"売れるものをつくる"というトヨタ生産方式においてである．量が変化しても1人当たりの生産性を保つ

長い直線ライン

オペレーター人当たり守備範囲

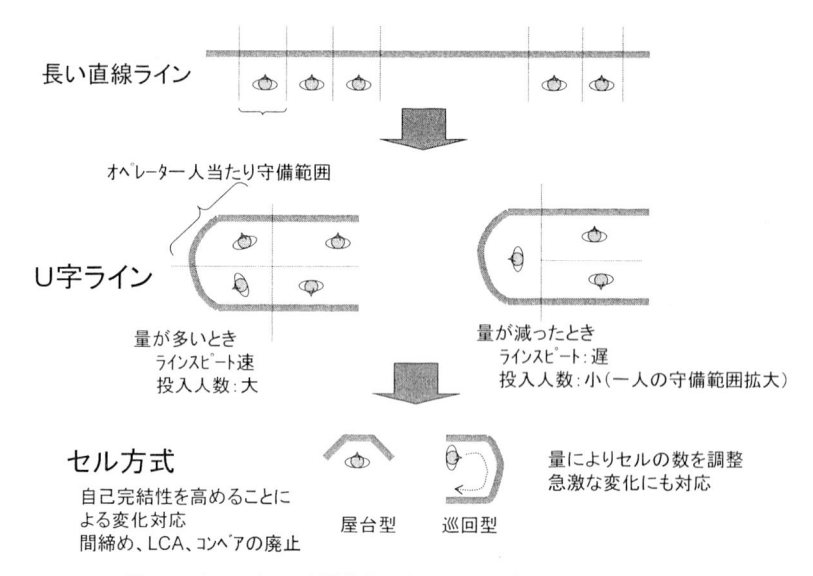

U字ライン

量が多いとき
ラインスピード:速
投入人数:大

量が減ったとき
ラインスピード:遅
投入人数:小(一人の守備範囲拡大)

セル方式

自己完結性を高めることに
よる変化対応
間締め、LCA、コンベアの廃止

屋台型　巡回型

量によりセルの数を調整
急激な変化にも対応

図2.3　ものづくりの制約条件(変化)への対応と生産ラインの推移

には，ラインをU字型に曲げ，そこに多能工を配置することで，ラインのスピードとそれに伴う多能工1人の守備範囲を可変にすることで実現した(図2.3参照)．さらに多品種が進行し，かつマスカスタマイズ(大量生産でありながら1品1品仕様が異なる)が進行すると，ライン生産では品種による工数負荷のバランスがとれないロスの発生や，大きな量の変動と製品の改廃頻度の高まりによる生産設備への投資の問題が出てきた．

そこで近年登場したのがセル方式(生産)(cellular manufacturing)である(図2.3参照)．セル方式とは，1人ないしは数人の万能工がひとつの製品をつくり上げる自己完結性の高い生産方式と定義される．ライン数の増減や改廃を少ない投資でフレキシブルにしたものである．まるでテイラー以前のものづくりに逆もどりの感があるが，そこで効力を発揮するにはICTも駆使した標準化や多能工を超えた万能工ともいえる人材の存在が前提となる．

一方，マスカスタマイズのもう一つの対応が，製品構造のモジュール化等による生産そのものを容易化したスキルレス化である．それによりパートを活用して最終製品の製造はなるべく顧客の近いところで行う．そのことで顧客リードタイムを削減できる．このタイプの延長は"どこでも工場"で，たとえばコンビニや移動中に最終カスタマイズを行うものである．これと生産に特化したEMSのような三つの方向が今後の狭い意味のものづくりの流れであろう．

このような形態の変化において，生産設備の自動化はどのように位置付けられるであろうか．フォードのトランスファーマシン以来，自動化は技術の進展とともに

高まり，1980年代にはFA（factory automation）ということが謳われた．自動車のラインでいえば，バブル崩壊前には溶接ロボットによる車体組立ラインは100%近く，最終組立ラインでも30〜40%の自動化率に至った．それをピークに自動化率はむしろ減少の傾向にある．自動化設備にも作業動作を教え込むのは人間である．またつくるもの自体が刻々と変化する状況では，自動化設備を導入するといつまでその生産が続くかの投資リスクが非常に大きくなった（製品ライフの短縮やいつ海外生産にシフトするかもわからない）．このような状況では何にでもフレキシブルに対応できる人間の方が安く，かつ投資リスクは少ない．当然，あまり変化のないルーティン的な仕事をこなすには自動化は今後も進むであろう．一方，守備範囲やラインの改廃にきわめてフレキシブルな能力をもつロボットの開発により，すでにロボットセルも出現している．ようするに変化の時代の投資リスクの問題と，技術の進歩が織りなす変化はこれからも続いていくであろう．

【演習問題】

2.1 なぜ，標準という考え方が生まれ，それが効率化のための基礎となるのか．
2.2 ワンベストウェイの標準のもとで，なぜ改善が必要とされてきたのか．
2.3 なぜ，わが国で改善アプローチが生まれ，現在でもその強みを維持していると考えられるか．
2.4 前問の裏返しとしての弱点は何か．

3 営業循環サイクルとキャッシュフロー

オペレーションズ・マネジメントが対象とするサプライチェーンオペレーションや新商品開発オペレーション等の経営活動，あるいは営業活動を続けるには，まず資金を調達し，その資金を投資して3M等の資産を取得する必要がある．その資産を活用して開発・生産・販売活動を行い，資金を回収し，また新たな資金を調達して投資するという営業循環サイクルを，債務不履行や倒産といった目詰まりを起こすことなく円滑に回すことが求められる．本章では，そのためのキャッシュフローの考え方，およびそのサイクルの立場から営業循環サイクルの概要を紹介する．

3.1 財務諸表とキャッシュフロー・サイクル

■財務諸表

一般に企業活動の成果としての経営状況を，株主（stockholder）や資金提供者等の利害関係者（stakeholder）に対して報告するために義務付けられているものが財務諸表（financial statements）である．その中心的役割を果たすのが，貸借対照表（B/S：balance sheet）と，損益計算書（P/L：profit and loss statement）である．

B/Sは，ある時点における財務状況を示すためのものであり，左側に資産（借方：debit），右側に負債・資本（貸方：credit）の在高が表示される．資産（asset）は，流動資産（current asset：現金・預金，有価証券，売掛金，棚卸資産（在庫）など），固定資産（fixed asset：土地・建物，機械設備，特許権など），そして換金性のない繰延資産（deferred asset：研究開発費，株式発行費など）からなる．固定資産および繰延資産は，減価償却（depreciation）と呼ばれる方法によって費用化される．負債・資本（liability, capital）は，銀行借入金

等の負債と，資本金と剰余金（内部留保）からなる．資産は総資本の運用状況，負債・資本はその調達源泉を示すことから，それぞれの合計は一致する（表3.1の左に示す例参照）．

一方，P/Lは，ある一定期間の収益と発生した費用を計上して利益が算出される計算書である．収益の代表例は売上高（sales）であり，その他受け取り利息等の営業外収益などがある．費用には，製造原価等の売上原価（販売業では仕入原価，建設業では工事原価など），販売費・一般管理費，営業外費用がある．売上高から製造原価を差し引くことにより売上総利益，さらに販売費・一般管理費を差し引くことにより営業利益（operating profit）が計算される．さらに営業外収益と費用のプラスマイナスすることで経常利益，そして臨時に発生する特別利益，損失を考慮することによって税引前当期純利益が算出され，支払法人税を控除することで当期純利益が算出，表示される（表3.1の右に示す例参照）．

表3.1 E社の貸借対照表（B/S）と損益計算書（P/L）（2007年度）

資産（借方）		負債・資本（貸方）		売上	0
現金・預金	180	買掛金	0	売上原価	0
売掛金	0	銀行借入金	400	営業一般管理費	0
在庫	0	資本金	1,000	営業利益	0
有形固定資産	1,200	剰余金	−20	支払金利	20
計	1,380		1,380	税引前純利益	−20
				法人税	0
				純利益	−20

■ **モデルケース**

表3.1は，2007年に操業準備を行い，2008年に事業を開始したE社のB/SとP/Lである．2007年には，自己資金と事業の有望性に賛同を得た投資ファンドからの出資による1,000の資本金と銀行からの金利5%の400の借入金を用いて，工場設備を購入し1,200の有形固定資産を計上（5年で償却）するとともに，2008年の事業開始のための運転資金として現金・預金200を用意した．ただし2007年B/Sの資産（貸方）には，借入金の金利分の20を支払った結果，現金・預金の残高は180となっている．またこの年には事業を開始していないので，P/Lはこの金利支払だけで純利益は−20であり，その分B/Sの資本・負債（借方）に−20が剰余金として計上されている．

表 3.2　E 社の貸借対照表 (B/S) と損益計算書 (P/L) (2008 年度)

資産（借方）		負債・資本（貸方）	
現金・預金	160	買掛金	30
売掛金	400	銀行借入金	400
在庫	100	資本金	1,000
有形固定資産	950	剰余金	180
計	1,610		1,610

売上	1,800
売上原価	
（製造原価）	1,050
材料費	300
労務費	500
減価償却費	250
営業一般管理費	330
営業利益	420
支払金利	20
税引前利益	400
法人税	200
純利益	200

　さて 2008 年には従業員を採用して営業が開始され，順調に生産そして売上を伸ばすことができた．その結果の P/L が表 3.2 の右の表である．売上高 1,800 に対して，製造原価 1,050（材料費 300，労務費 500，減価償却費 250 の計）と営業・一般管理費 330 の合計である営業費用 1,380 を引いた 420 がこの年の営業利益である．企業の収益性を表す指標である売上高利益率（営業利益/売上高）は 420/1,800，すなわち 23.3% と悪くない値となっている．

　これに営業外の費用である銀行借入金の支払金利を差し引いた 400 が，この場合の経常利益でもあり，税引前利益である．そして法人税（50% を仮定）を支払った残りの 200 が純利益である．事業開始まもないことから配当せずに，これを剰余金として積み立てることにした．

　一方，このような事業遂行の結果としての財務状況を表す B/S が，表 3.2 の左の表である．資産の方を見ると，売上はあったもののまだ支払いをしてもらっていない売掛金（accounts receivable）が 400 もあり，また棚卸資産（inventory：製品，仕掛品，材料）である在庫が 100 もある．工場設備の固定資産を費用化した減価償却により有形固定資産は 950 に減じられ，最後に現金・預金は 180 から 160 に減じて，総資産は 1,610 となっている．それにバランスして負債・資本は，銀行借入金，資本金は不変であるが，まだ支払をしていない材料の買掛金（accounts payable）30，そして今年度の純利益 200 をそのまま内部留保として積み立てることによって，剰余金は −20 から 200 だけプラスされて 180 となっている．

なお，利益の株主への分配である配当金（dividend）を支払う場合には，純利益からその分だけ内部留保は少なく剰余金に回ることになる．

■**キャッシュフロー**

以上，一見順調に見える E 社の事業の立ち上げとそのオペレーションも，資金繰りにはなかなか苦労をしている．それを理解するには，お金（現金）の流れ，すなわちキャッシュフロー（cash flow）を考える必要がある．キャッシュフローとは，お金の出と入りのことで，これに目詰まりを起こすと，たとえば会計上の利益を計上していても，事業からの撤退，倒産を余儀なくさせられることもある．キャッシュフローの立場から，事業への投資とそれに伴うリターンのサイクルを眺めたのが，

①資金調達，
②資本的調達，
③運転資本投資，
④資本コスト・税金支払，

そして再投資による①に戻るキャッシュフロー・サイクルである．上の事例では，2007 年度で①②，そして 2008 年度に③④が相当している．

3.2　運転資本と資本コスト

■**運転資本**

キャッシュフロー・サイクルにおいて，オペレーションズ・マネジメント上で重要なのが在庫に関係する運転資本投資と資本コストである．運転資本（working capital）とは，事業活動に必要なつなぎ資金への投資のことである．たとえば，前節の例でいえば，事業を開始して製品を生産し，それが製品在庫，そして売掛金となりキャッシュでの支払を受ける前に，材料を購入し，従業員には給与を支払わなければならない．このような支払った資金が在庫や売掛金として寝ている間をつなぐ資金が運転資本であり，B/S でいえば，

　　　　売上債権（売掛金）＋棚卸資産（在庫）－仕入債務（買掛金）

で定義される．

上の例では，400＋100－30＝470 の運転資本を要していることになる．

一方，事業の開始時の現金・預金は 180 であり，実際には銀行借入等によるつ

なぎ資金が必要だったはずである．もしこれがうまくいかず支払に行きづまれば，事業開始早々黒字倒産ということにもなりかねない．これを防ぐためには1章で述べたように営業循環サイクルを短縮するしかない．それは売掛金の回収を早めるとともに，在庫を削減し，かつリードタイムを短縮することであり，正にオペレーションズ・マネジメントの使命である．

この営業循環サイクルを測定する具体的指標として，運転資本回転日数（working capital turnover periods：キャッシュ・トゥー・キャッシュ・サイクルタイムとも呼ばれる）がある．これは売上債権，棚卸資産，仕入債務をそれぞれ売上高で割ったものに，年間の日数365を乗じて計算される回転日数を求めた上で，

$$売上債権回転日数＋棚卸資産回転日数－仕入債務回転日数$$

で計算される．

表3.2の場合，売上債権回転日数が$400/1{,}800 \times 365 = 81.1$日，棚卸資産回転日数が$100/1{,}800 \times 365 = 20.3$日，そして仕入債務回転日数が$30/1{,}800 \times 365 = 6.1$日であり，運転資本回転日数は95.3日となる．運転資本に投資して回収するのに，約95日も要していることを意味する．これを短くすることが（あるいはマイナス），必要運転資本を減じることになり，キャッシュフローを向上させることにつながる．

■資本コスト

一方，運転資本を獲得するためには，資金を調達することが必要となる．その方法には株主資本や長期・短期の借入金があり，銀行からの借入金に対する支払金利のようにコストがかかる．これが資本コスト（capital cost）である．オペレーションズ・マネジメント上からは，たとえば在庫をある期間保有するということは，その間通常は価値は生まれず，少なくともこの在庫に投資された運転資本額に相当する資本コストを，機会損失として考慮する必要がある．

資本コストの算定ついては，いろいろな方法があるが，代表的なものとしてWACC（weighted average capital cost）が知られている．これは使用総資本を構成する有利子負債と株主資本の金利に相当するコストレートを，負債と株主資本の割合をウエイトとして加重平均したものである．実際にそれぞれのコストレートを計算する方法はいろいろあるが，負債資本コストは税引前の金利（単純には支払金利）に（1－税率）を乗じたものが用いられる．

一方，株主資本コストは配当に相当するものであるが，株主の期待する収益率であり，理論的には CAPM（capital asset pricing model）が知られている．CAPM によるコストレートの計算法は，長期国債利回りに相当するリスクフリー金利＋β×（マーケットリスク・プレミアム）によって計算される．ここでマーケットリスク・プレミアムとは，国債利回りと TOPIX や日経平均株価の収益率（市場全体の期待収益率）との差がとられる．そして β は個々の企業の実績に基づくものであり，市場平均より（たとえば倒産等の）リスクが高い場合には 1 以上，低い場合には 1 以下となり，ブルームバーグやロイターといった専門の金融情報会社から公表されているものである．

国債の利回りが年 2% とする．そして日本市場のマーケットリスク・プレミアムには 3〜6% という様々な推計があるが，ここでは年 5% としよう．対象とする企業のリスクが市場平均とすれば $\beta=1.0$ であり，この場合の株主資本コストは $(2+1.0\times5)=7$，すなわち年 7% と推計される．

Column 3.1 ──

資本コストと株主価値

わが国では，銀行借入の支払金利のコストという概念はあっても，株主資本コストという意識が希薄であった．それに対応する配当についても，赤字であれば支払う必要がなく，利益があっても低い水準しか配当せず，長期的視点での経営ということで研究開発費に投資するということが許されてきた．しかしながら，最近では IR（investor relations）という投資家に対して企業の財務的業績やその将来性について正確な情報を提供する活動が重視され，それとともに株主期待利益率に相当する株主資本コストの概念も定着してきた．同時に P/L 上の利益（利益は操作・調整できる）を重視してきた傾向があったが，前述の黒字倒産の問題や，2000 年頃より国際会計基準に合わせて P/L，B/S とともに連結キャッシュフロー計算書を公表することが求められるようになったことから，これに基づく後述の企業価値や株主価値が算定されるようになった．

3.3 キャッシュフロー情報の指標

キャッシュフロー・サイクルを踏まえた経営の意思決定に必要なキャッシュ情報は，3.1 節の B/S，P/L から作成することができる．まず 1 年間のオペレー

ションによるキャッシュインとキャッシュアウトの差が営業キャッシュフロー（OCF：operating cash flow）である．OCF の計算方法の一つとして，営業利益から売上原価に含まれる実際の支払いを伴わない減価償却費をプラスしたキャッシュ利益をまず求め（P/L から），運転資本の増減（前期末の B/L との比較から）を差し引き，さらに法人税を引いて求める方法がある．

表 3.1，3.2 の 2008 年度の例では，表 3.3 に示すように，まずキャッシュ利益が 670 と計算され，運転資本の増加分 470 を引き，さらに法人税 200 を差し引くことによって，ちょうど 0 と計算される．このように OCF の指標を把握することで，P/L 上の純利益 200 という数値に対して，折角のキャッシュ利益も運転資本の増加により，キャッシュフローの立場からはプラスマイナス 0 であり，苦しい経営を強いられていることが如実に反映されている．

表 3.3 キャッシュフロー計算書の例

	2007 年	2008 年
営業利益	0	420
減価償却費	0	250
キャッシュ利益	0	670
売掛金増加	0	−400
在庫増加	0	−100
買掛金増加	0	30
法人税支払	0	−200
OCF	0	0
資本的支出	−1,200	0
FCF	−1,200	0
資金調達	1,400	0
借入金利支払	−20	−20
NCF	180	−20

OCF から設備投資等の資本的支出を差し引いたものがフリーキャッシュフロー（FCF：free cash flow）と呼ばれる．これは株主および債権者に分配可能な資金提供者にとって自由になるキャッシュフローという意味である．後述する事業の投資価値や企業価値の指標を計算するのにベースとなるものである．

この FCF に財務活動としての株式発行による資金調達，銀行借入等によるキャッシュインと，借入金の返済，金利の支払い，そして配当金の支払い等による

キャッシュアウトのキャッシュフローを加えることによって算出されるのが，ネットキャッシュフロー（NCF：net cash flow）である．FCF は，B/S のキャッシュ，すなわち資産の現金・預金の前期末残高と当期末残高の差に相当する1年間の正味のキャッシュフローを意味するものである．

　表 3.3 に示すように，2007 年度の場合，OCF は 0 であり，1,200 の設備投資によるキャッシュアウトがあったことから FCF は－1,200 である．そして NCF は，資本金と銀行借入による 1400 の資金調達分に金利支払－20 のキャッシュインとアウトがあったことから，180 となる．一方，2008 年度の場合には資本的支出はないことから FCF は OCF と同じく 0 であり，これに金利支払分を差し引いた－20 が NCF となる．そしてこの－20 は表 3.1 と表 3.2 の B/S における現金・預金項の差－20 と一致している．

3.4　投資価値と採算性評価

　これまで述べてきたキャッシュフローはそれ自体による意思決定に加えて，新たに事業を開始しようとする際の投資価値の判断や採算性評価（economic justification）にも用いられる．そのベースになるのが，正味現在価値 NPV（net present value）と呼ばれる指標である．事業の集合体である企業価値の判断指標を計算するためにも用いられる考え方である．

　事業の投資価値，採算性を判断する場合，事業から得られる各年度（寿命の年まで）の予測されるフリーキャッシュフローを，資本コストレートで割り引き合計した現在価値がまず算定される．NPV はその現在価値から初期投資額を差し引いたものである．もし寿命の最後に設備の売却や運転資本の回収等による残存価値があれば，これを加えることができる．

　たとえば，1,400 の投資で 5 年間毎年 600 の FCF が予測される場合には，資本コストレートを 10% とすると，1 年目の FCF 600 を現在価値に換算すると $600/(1+0.1)=545$，同様に 2 年目は $600/(1+0.1)^2=496$，3 年目 $600/(1+0.1)^3=451$，4 年目 $600/(1+0.1)^4=410$，そして最終年の 5 年目 $600/(1+0.1)^5=373$ となり，トータルの現在価値は 2,274 と計算される．これに初期投資額 1,400 を差し引いた 874 が，この事業の NPV となる．

　NPV が正であれば投資価値があることを示し，もちろん大きいほど望まし

い．したがって，この場合には資本コストを上回る大きなリターンが期待できるという判断になる．

同様に投資の採算性を判断する指標には，内部収益率 IRR（internal rate of return），投資回収期間がある．IRR は，NPV がちょうど 0 になる現在価値を割り引く資本コストレートに相当する割引率である．これが資本コストレートを上回れば投資価値があると判断される．上の例の場合に IRR を計算すると，IRR＝32％で 10％を大きく上回る．また投資回収期間は初期投資に等しくとなるような期間であり，上の例では約 3 年で 1,400 を超える．この回収期間が寿命以下であれば投資価値があり，短いほど望ましい．

Column 3.2 ──

財務諸表分析と ROE

　企業の経営状況を把握する判断材料として，財務諸表から作成される様々な指標がある．代表的なものをあげると，まず調達した資本や取得した資産に対する事業活動から得られる利益についての収益性の判断には，総資産事業利益率 ROA（return on assets）＝事業利益（営業利益と営業外利益の合計）/総資産（B/S の借方の総計），株主資本利益率 ROE（return on equity）＝純利益/株主資本がある．その他，様々な利益を売上高で割った売上高利益率 ROS（return on sales）も収益性の判断材料となる．

　一方，資産や資本がどれだけ効率的に活用されているかという効率性の判断には，分子に売上高，分母に様々な資産（資本）を用いた回転率，あるいはその逆数である回転日数が用いられる．たとえば，総資産回転率（total asset turnover）＝売上高/総資産等であり，オペレーションズ・マネジメントでは特に重要な指標が，棚卸資産回転率（inventory turnover ratio）＝売上高/棚卸資産，あるいはその逆数，棚卸資産回転日数（inventory turnover periods）＝棚卸資産/売上高×365 である．

　わが国においては，従来株主軽視ということにも関連し，収益性の判断に ROE は重視されてこなかった．しかし，バブル崩壊後，諸外国に比べて ROE が著しく低いことが認識され，加えて投資家の目も厳しくなったことから，この ROE を高めることが重視されるようになってきた．投資家から見れば，ROE は単年度の指標であり，さらに分子は会計上の利益である，というような問題点をもつ．そこで本節に述べたキャッシュフローに基づく将来のリターンも考慮した企業価値のような指標の重要性が増してきている．

【演習問題】

3.1 表 3.2 の P/L, B/S において, 2008 年度のはじめに運転資本の補填として 400 の追加の銀行借入（金利 5%）をしていたとすれば, B/S, P/L はそれぞれどのようになるか.

3.2 前問の場合の表 3.3 に相当するキャッシュフロー計算書を作成せよ.

3.3 E 社の 2008 年度の運転資本回転日数 95 日を短縮するためには, どのような方策が必要か.

3.4 E 社の 2008 年度の ROE, ROA を求めよ.

4 品質マネジメント

　本章では，QCDの管理特性のうちで一番根元的なQ，品質についてのマネジメントを述べる．製品・サービスの品質だけでなく，効果的・効率的にオペレーションズ・マネジメントを遂行する組織能力である仕事や業務の質も対象となる．品質マネジメントの全体的枠組みとともに，変化の時代に常に求められる改善や，源流管理の考え方のもとで，そのための主な方法論や手法について紹介する．なお，近年，品質という言葉も必ずしも製品の場合に限らないことから，単に質，そして質マネジメントと呼ばれる場合も多い．

4.1 品質と品質マネジメント

■品質とは

　「ある"もの"の，明示されたまたは暗黙のニーズを満たす能力に関する特性の全体（ISO 8402）」と定義される品質または質（quality）は，オペレーションズ・マネジメントの管理特性QCDの中で，最も根元的なものといえる．たとえば，Dの中の納期は，顧客から見れば重要な供給先の品質でもある．

　製品・サービスの供給者の立場からは，品質はさらに設計品質（quality of design）と製造品質（quality of conformance）に分類される．設計品質は，顧客の要求を想定して企業が仕様や設計値として決めた品質であり，"ネライの品質"と呼ばれる．製造品質は設計仕様に対する製造上のバラツキの度合であり，"デキバエの品質"と呼ばれる．たとえば，公差あるいは許容差（tolerance）で指定される仕様に対して，それから外れた場合が不良であり，製造品質が劣るほどバラツキは大きくなり，不良率は高くなる．科学的な品質管理の源泉は，1930年頃に製造品質のバラツキ減少のために考案されたW. A. シューハートの管理図の活用にはじまる．

■品質マネジメント

これらの品質を対象とする品質管理あるいは品質マネジメント（quality management：以下QM）は，顧客または消費者の要求する品質が十分に満たされていることを保証するための活動，品質保証（quality assurance：QA）をベースとする．その上で製造品質を常に改善する活動，そしてもともと設計品質が悪ければ製造品質の改善には限界があることから，製品ライフサイクルのなるべく源流でスピーディに製造品質も考慮した設計品質をつくりこむ活動（源流管理）が，現在のQMの観点からの競争優位の源泉である．

企業が提供する製品・サービスのQAのためには，企業の全部門が係わってくる必要がある．図4.1にその一部を示す品質保証体系図は，新商品開発から販売，アフターサービスに至るまでの各ステップで，各部門がどのように品質保証業務に係わってくるかをフローチャートとして示したものである．右端に関係する法規や社内規定，標準類がリストアップされている．たとえば，企画構想立案では，企画書作成基準に基づく企画書が作成され，同時に営業，企画，設計部門が参加し，顧客の要求だけでなく安全や法令遵守（compliance）の立場から企画案に潜在的問題はないか，というデザインレビュー（設計審査）が行われる．

一方，顧客の要求から設計品質，製造品質つくりこみのプロセスと関連を概念

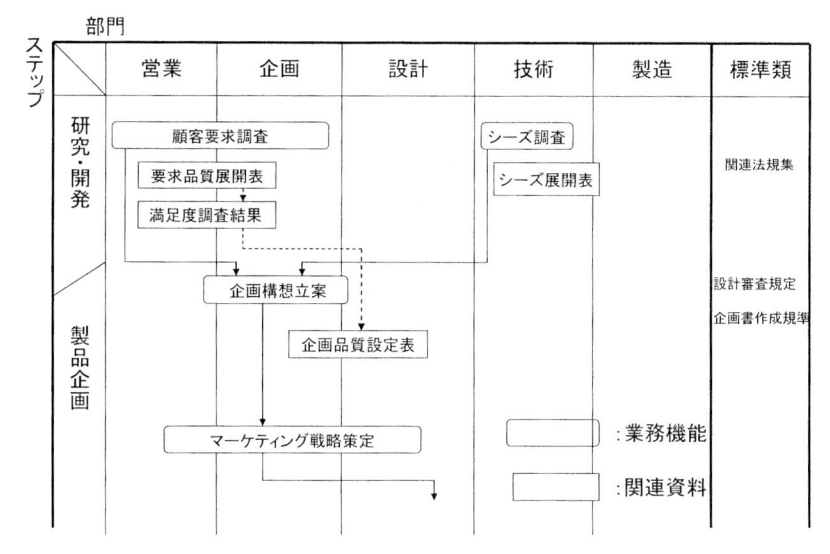

図4.1　品質保証体系図（一部）の例

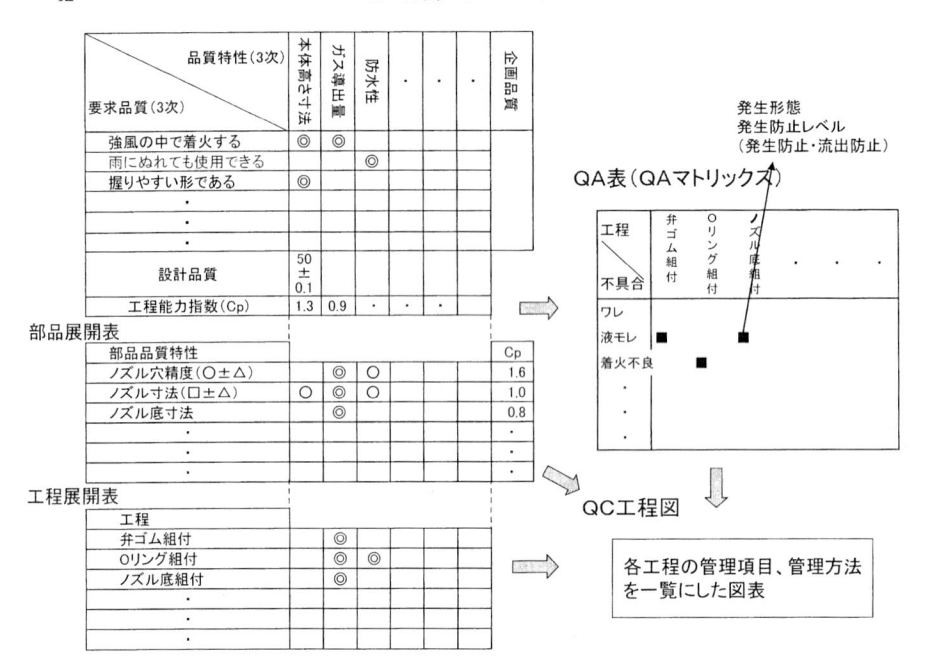

図4.2 品質機能展開と品質保証

的に示したのが図4.2である．要求品質からはじまる関連をマトリックスの形で表現したものを品質機能展開（quality function deployment：QFD）と呼ぶ．特に要求品質×設計品質の部分は品質表と呼ばれ，要求品質（行）とそれを実現するための品質特性（列）がリストアップされ，◎印で表示される両者の関連を考慮して各品質特性の設計品質が決められる．同時にこの図では，各品質特性について予想される製造品質のレベルを示す工程能力指数（後述）も記述されている．次に設計品質は部品の品質特性に展開され，さらに部品を加工する工程に展開される．

このような関連を製品設計時に検討することで，顧客の要求を設計品質としてつくりこむための鳥瞰図を与えるものとなる．加えて，図4.2の右側に示すように，予めどのような不具合の発生が予想され，かつそれがどの工程で発生する可能性があるかを示したQAマトリックスが作成できる．そしてそれを未然に防ぎかつ下流工程への不良の流出を防ぐために，各工程でどのような項目をどのような方法で管理するか，ということを規定したQC工程図（表）が作成される．

Column 4.1 ──

顧客満足と品質に厳しいわが国の顧客

　企業が提供する製品・サービスに対する顧客の満足度であるCS（customer satisfaction：顧客満足度）向上を目指すことは，今や企業経営の基本ともなっている．CSが生成される理論面からの研究として，期待―不確認モデル（disconfirmation theory）が知られている．CSは実際の製品・サービスを経験した知覚品質と，個人がもっている比較標準（代表的なものが事前期待）の差で決まるというものである．

　1980年代後半からはじまった日本モデルの世界的なベンチマークの対象の一つが，わが国製品の高品質であった．そして企業や産業への品質向上のインセンティブ策を与えるものとして，米国を中心としてはじまったのが国家品質賞の創設（4.6節参照）に加えて，企業のCSを測定してそれを公表するというものである．現在でも米国のACSI（American customer satisfaction index）に代表されるCS測定が世界10カ国以上で行われている．これらのデータに基づき，各国の調査企業のCS値を平均した国レベルのCS値の比較が可能である．

　図4.3は，左から順に米国，フィンランド，デンマーク，アイスランド，香港，スウェーデン，ノルウェー，ドイツ，日本，韓国の100点満点（大変満足）を尺度とするCS値（4年間の平均）を示したものである．わが国のCS値は他国に比べて平均的に低く，米国とは20ポイント近くの差がある．これはもちろん，わが国の製品・サービスの品質が低いということではない．不確認モデルでいえば，わが国の顧客は期待水準が高い，すなわち品質に厳しいということである．この厳しい顧客がわが国企業の品質マネジメントを鍛えたともいえるが，その功罪については，10.5節の文化の影響を参照していただきたい．

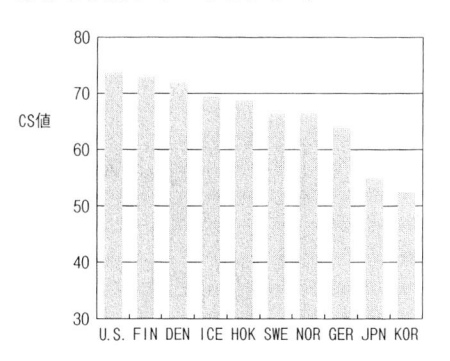

図4.3　各国の顧客満足度の平均（2001～2004年）

Column 4.2 ──

知覚品質の二元論

　コラム 4.1 で示したような厳しい顧客に応えるためにも，わが国企業は CS を重視した経営という意味では常に世界トップの位置にある（IMD 国際競争力ランキング調査より）．CS を高めるためには顧客の知覚品質を高めることが王道である．

　この顧客，消費者の感じる知覚品質の立場からは品質二元論が有名である．ある品質要素は満足だけに関係し，別の品質要素は不満足だけに関係するというように，満足と不満を感じさせる構造は異なるというものである．ハーズバーグの動機付け要因，衛生要因（コラム 2.3 参照）に対応して，品質要素が充足され，それがあれば消費者が魅力的に感じ，なくても不満を感じない魅力的品質と，品質要素が充足，あっても魅力は感じないが，不足していれば不満につながる当たり前品質の区分である．そして，その中間として充足度に比例して不満，満足を感じる一元的品質がある．

4.2　工程能力と SQC

■工程能力とは

　今，ある工程において，そこで加工される部品，サンプルについて品質特性を測定し，そのヒストグラム（度数分布）を作成したところ，図 4.4 の実線で示されるようになった．μ は平均（mean）で σ はバラツキの大きさである標準偏差（standard deviation）を示す．図中，S_U, S_L は設計仕様で指定される上限規格と下限規格（両者の幅が公差），これより外れる場合が不良（defective）であ

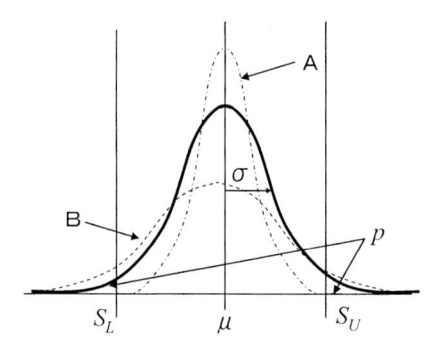

図 4.4　ある品質特性のヒストグラムとその層別

4.2 工程能力とSQC

り，その面積に相当する p が不良率である．

この工程が生み出す品質の能力は工程能力（process capability）と呼ばれ，それを指標化したものが工程能力指数 C_p であり，$C_p=(S_U-S_L)/6\sigma$ で定義される．すなわち，規格幅（公差）を標準偏差 σ の6倍で割ったものである．片側規格の場合には，規格上限（下限）と分布の平均 μ との差を 6σ の代わりに 3σ で割ることによって定義される．C_p は大きいほど高いほど望ましい．平均が規格幅の中央に位置する場合，そして分布に正規分布（normal distribution）が仮定できる場合には，C_p が 0.67，1，1.33，1.67 のとき，不良率はそれぞれ 4.56%，0.26%，63 ppm，0.57 ppm（ppm は100万分の1）である．

■ SQCとは

それでは不良率 p を低減して工程能力を高め，製造品質を向上するにはどうしたらよいだろうか．SQC（statistical quality control：統計的品質管理）とは，事実（fact）をよく観察し，そこから得られるデータ，すなわちバラツキから可避原因（assignable cause）を発見し，それを取り除く処置をとることによってバラツキを減少させ，品質向上を図る手法あるいは活動である．そのためにはまず3現主義（現場，現物，現実）という言葉があるように，不具合や問題といった事実をよく観察する．そしてそこから仮説（hypothesis）を考え出し，それに基づいてデータを取り，そのデータに基づき統計的な考え方や分析を通して検証するということが重要になる．もし，それが仮説と異なるなら，今一度事実を観察し直し，再びデータで検証することで，想定外の新しい発見に結びつく可能性もある．

そのとき仮説に関連して重要な役割を果たすのが，層別（stratification）である．図4.4のデータをとるときに，この工程での加工にAとBの2種類の治具が用いられ，この治具により差があるのではないかという仮説が事前にあり，各サンプルがA，Bどちらかの治具で加工されたのかという記録を残しておけば，これにより層別したヒストグラムを描くことによって仮説の正しさを検証できる．図4.4に示すように，この場合には明らかにBの治具に問題があり，これがバラツキを増大させる原因であり，これをAの条件に揃えることで可避原因を取り除くことができる．

このような可避原因としての候補を，層別因子と呼ぶ．SQCには，品質特性 y とその大小を決めると思われる多くの製造条件等の変数との関係を分析する重

回帰分析や，それを効率的な実験で探索・確認する実験計画法等の精緻な統計的手法も多く用いられるが，要はこの可避原因発見につながる層別因子の探索，発見，分析をしていることにほかならない．

Column 4.3 ──

標準正規分布

　データのバラツキ具合や各データ値が出現する頻度（正確には確率密度）を示すものは，一般に分布（distribution）と呼ばれる．分布の形には様々なものがあるが，図4.4のように平均値を中心に左右対称で釣鐘型をした形の分布に正規分布がある．正規分布は平均を μ，標準偏差 σ を指定すれば分布の位置や形が規定され，平均から $k\sigma$ 以上（あるいは以下）の値をとる確率 P が k によって一意に決まるという大変きれいな性質をもつ．平均が0，標準偏差が1のときは特に標準正規分布と呼ばれる．本書の巻末に標準正規分布の k と P の関係を示した標準正規分布表を示してある．

　x がどのような正規分布に従う場合でも，$u=(x-\mu)/\sigma$ という標準化あるいは正規化と呼ばれる変換をすれば標準正規分布となる．たとえば，ある品質特性値の平均が10で標準偏差が2であり，上限規格値が13であった場合の不良率は，k に相当する上限規格値13を標準化すると $(13-10)/2=1.5$ であり，標準正規分布表より，1.50以上の確率は0.0668と読めることから，約6.7%と推定される．

　SQCやオペレーションズ・マネジメントの手法の多くは，たとえば，次節の管理図の 3σ の原則等この正規分布に基礎をおくものが多い．その根拠となる理論に中心極限定理がある．それはもとの分布がどのような形をしていても，その足し算の分布は正規分布に近づくというものである．その応用例が，たとえば7.3節で扱う安全在庫の理論である．

4.3　QC七つ道具と管理図

■ QC七つ道具と層別

　SQCの簡易手法として知られ，後述するQCサークル等の改善活動で広く使われているものとしてQC七つ道具（seven tools）がある．七つ道具とは，ミニマム・エッセンシャル，すなわちだいたいの問題はこれで解決できるというものである．ただし，次に掲げる七つ道具だけでなく，加えて層別という概念を組み合わせることによって大きな威力が発揮される．

4.3 QC七つ道具と管理図

表 4.1 塗装不具合のためのチェックシート

	機種		色		計
	A	B	X	Y	
流れ	灰灰灰灰	灰	灰灰///	灰灰//	25
ウス	灰灰	灰////	///	灰灰灰/	19
ムラ	///	灰	灰	///	8
キズ	//	///	///	//	5
その他	/	/	/	/	2

 1) チェックシート（check sheet）：現象の生起をチェックしてその頻度などのデータを記録するための用紙である．表4.1にその例を示すように，機種，色といった層別因子を前もって用意してデータを収集することが問題解決につながる．

 2) 特性要因図（cause and effect analysis）：問題となる特性について，その原因と考えられる要因を，関係者によるブレーンストーミングなどにより列挙し，魚の骨の形で整理したものである．4M，すなわち人（man），原材料（material），設備（machine），方法（method）などの要因を大骨として，それぞれに小骨に相当する原因を書き加える形式がとられ，仮説を引き出すのに役立つ（図4.5 (a) 参照）．

 3) パレート図（Pareto diagram）：不具合現象や欠点等をその頻度や個数の大きいものから横軸に左から右にとり，縦軸に頻度（個数）およびその累積割合をプロットした図である（図4.5 (b) 参照）．在庫管理のABC分析に相当し，重点項目の絞り込みに使われる．

 4) グラフ（graphs）：現象の特徴や比較を視覚的に理解するためのもので，円グラフとして知られるパイチャートやレーダーチャート（くもの巣チャート）等がある．

 5) ヒストグラム（histogram）：母集団（工程）からサンプルをとり，横軸にその特性値の区間，縦軸にその区間に属する度数を描いた度数分布表である．この分布の中心位置，バラツキの大きさ，形状（ヒズミ，トガリ）から，層別の必要性を見いだすことができる．図4.5 (c) の例では，上限規格値付近に層別されるべき対象の存在が示唆される．

 6) 散布図（scatter diagram）：二つの組の変数を縦軸，横軸にとりサンプルの両者の測定値をプロットしたもので，変数間の相関関係を見いだすのに用いら

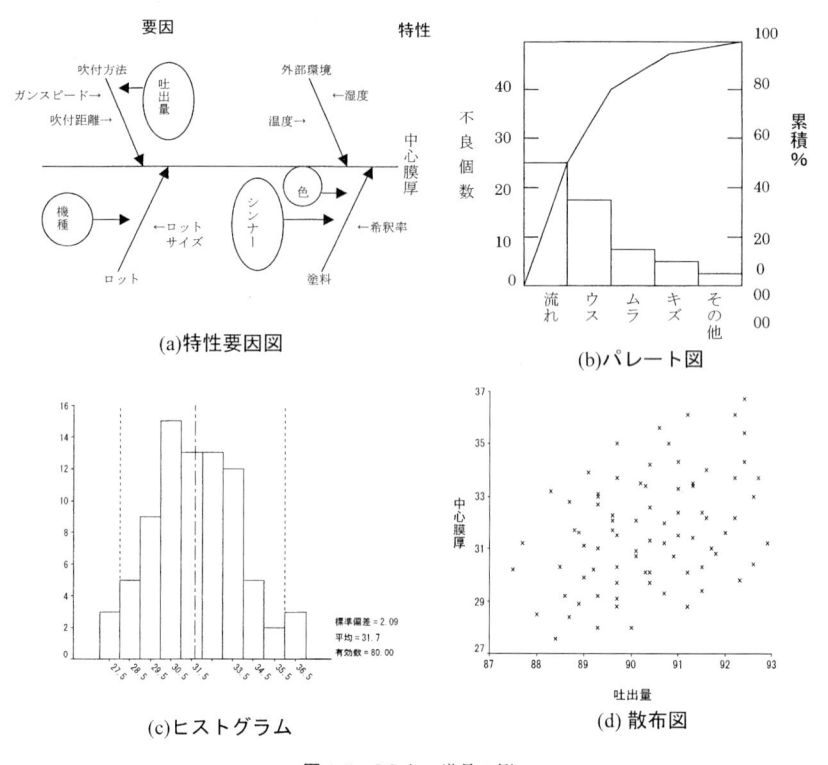

図4.5 QC 七つ道具の例

れる(図4.5 (d) 参照).

7) 管理図(control chart):品質特性等,管理対象の状態を示す統計量(平均,範囲,不良個数,欠点数)を時系列的にプロットし,統計的に定められる限界線との比較や点の並び方のクセから,異常等を検出し,そこから可避原因を探り品質向上を図る方法である.

■ $\bar{x}-R$ 管理図

管理図の中でもSQCの原点となる手法であり,広く使われているのが3シグマの原則で知られるシューハート管理図で,その代表例が $\bar{x}-R$ 管理図である.

管理の対象となる母集団(population:工程)から,群と呼ばれる単位で定期的(シフト,ロットごと)に n 個のサンプルを抜き取り,そこから計算される統計量(statistic) $\bar{x}$ (平均値)と,標準偏差の代わりのバラツキの大きさの代用である R (range, 範囲:最大値-最小値)を,図4.6の右側に示すように上

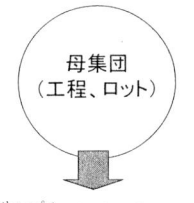

n	A_2	D_3	D_4
2	1.880	—	3.267
4	0.729	—	2.282
6	0.483	—	2.004
8	0.373	0.136	1.864

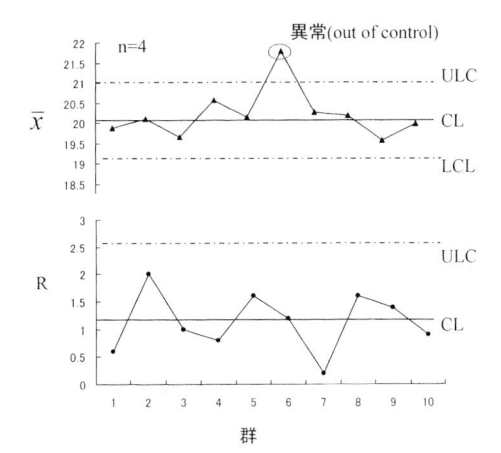

図 4.6 $\bar{x} - R$ 管理図と係数表

下揃えてプロットしていく．

　管理図にはこれに中心線と管理限界線が書き加えられる．k 個のプロットされる点から計算されるそれらの平均 $\bar{\bar{x}}$，$\bar{R}$ が，それぞれの管理図の中心線（CL）となる．そして，そこからプロットする統計量の $\pm 3\sigma$ の位置に，上方管理限界線（UCL）と下方管理限界線（LCL）が引かれる．すなわち，図 4.6 の左下に示す係数表を用いて

　　　　　$\bar{x}$ 管理図の場合には，$\bar{\bar{x}} \pm A_2 \bar{R}$，

　　　　　R 管理図の場合には，$D_4 \bar{R}$，$D_3 \bar{R}$（$n=6$ まで LCL は 0）

として計算される．

　$\bar{x}$ 管理図は工程平均の変化，そして R 管理図はバラツキの変化をモニターし，プロットした点が管理限界線から出れば，工程になんらかの異常が起きたと判断し，可避原因を探り処置をとることによって品質改善を図ろうというものである．ここで重要なことは，シューハート流の管理図は"3σ の原則"と呼ばれるように，管理限界線をプロットする統計量の $\pm 3\sigma$ に設定するということである．これは工程に変化がないときに誤ってプロットする点が管理限界線外に出る確率，すなわち第 1 種の誤り，あるいは"あわてものの誤り"（仮説が正しいのに仮説を棄却する確率）が 0.3%（標準正規分布表より，片側の 3σ 以上の確率は 0.0013 であることから，両側で 0.0026）と，通常の統計的検定と比べて低く抑えてあるということである．

いいかえれば，管理限界線から点が外れると何らかの異常が起きたと判断することの誤りは0.3%しかないことから，点が外れると必ず背後に可避原因が存在する．したがってそれを探してアクションを取ることを義務付けることにつながる．このような意味合いを含めて，"千三つの原則"という言葉も用いられる．

4.4 設計品質のつくり込みと実験計画法

品質改善や設計品質のつくり込みに用いられるのが実験計画法（design of experiment）である．品質特性に影響を与えると考える複数の要因・条件を取り上げ，その効果（effect）を実験回数・時間等の制約のもとで効率的に推定するための手法である．

■直交表

その中で実験回数を減らすために有効な方法が直交表（orthogonal table）を用いた実験である．表4.2の左に示すのが$L_8(2^7)$，あるいはL_8と呼ばれる直交表である．Lの下の8は実験回数，次の2は，取り上げる各要因（因子）の実験条件の水準数が2水準であること，そしてその添え字の7は直交表を構成する列の数を意味する．列の1, 2の表示は，実験条件の指定を意味し，水準1, 2を意

表4.2 直交表を用いた実験計画とその例題

No.	列							データ
	1	2	3	4	5	6	7	
1	1	1	1	1	1	1	1	6
2	1	1	1	2	2	2	2	9
3	1	2	2	1	1	2	2	7
4	1	2	2	2	2	1	1	4
5	2	1	2	1	2	1	2	5
6	2	1	2	2	1	2	1	0
7	2	2	1	1	2	2	1	5
8	2	2	1	2	1	1	2	4
割付	A	B		C		D	E	

列	1	2	3	4	5	6	7
水準1の和	26	20	24	23	17	19	15
水準2の和	14	20	16	17	23	21	25
差	12	0	8	6	−6	−2	−10

	B_1	B_2	計
A_1	15	11	26
A_2	5	9	14
計	20	20	40

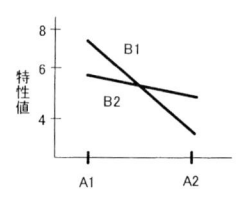

味する．

　そして直交という意味は，表を構成する任意の二つの列のペアで，(1,1)，(1,2)，(2,1)，(2,2) の出現回数が同じ，L_8 の場合には 2 回ずつであることに由来する．この性質により，L_8 では最大 7 個の 2 水準の要因の効果を 8 回の実験で済ませることができる．すなわち，要因配置型と呼ばれるすべての組み合わせを行う場合の $2^7 = 128$ 回と比べると，1/16 の実験回数となっている．このからくりは，要因間の組み合わせによりその効果が異なってくる交互作用 (interaction effect) と呼ばれる効果の推定を犠牲にし（ないことを仮定），それぞれの主効果と呼ばれる要因単独の効果は，互いに交絡 (confound) する（紛れる）ことなく推定することを可能にするものである．この直交表を使ってどのように計画し，効果を推定するか，簡単な例を示そう．

■ モデルケース

　今，ある品質特性に影響を与えると思われる五つの要因 A，B，C，D，E があり，それぞれ 2 水準の条件を設定した L_8 による実験を考えよう．これらの要因は，表 4.2 に示すように七つの列の中の任意の一つに割り付けられる．

　このうち A と B には，両者の効果の和では表現できない組み合わせ効果，すなわち交互作用が存在することが想定される（$A \times B$ と表示）．このような場合には，A と B を割り付けた 1 列および 2 列の水準の組み合わせで，(1,1)→1，(1,2)→2，(2,1)→2，(2,2)→1 となっている列を空けておく必要がある．この場合は第 3 列であり，次に示す各列の効果を計算するときに $A \times B$ の効果がこの列にあらわれてくるからである．

　割付が完了すると，次に実験に移る．計 8 回の実験条件は，割り付けた要因の列の水準に対応して，たとえば実験 No.5 は $A_2 B_1 C_1 D_1 E_2$ と決められる．そして No.1 から No.8 までの実験をランダムな順序で行った結果が，表 4.2 の直交表の右欄に示してあるデータ（データは定数を引いて変換してある）である．

　これより，交互作用を含めたどの要因が品質特性に影響を与えているか，そしてその効果の大きさを推定するためには，各データを各列の水準 1 および水準 2 に対応した和を計算し，両者の差を計算すればよい．たとえば，要因 A の効果の大きさの場合では，第 1 列の水準 1 の和は $(6+9+7+4)=26$，水準 2 の和は $(5+0+5+4)=14$ となり，両者の差は 16 である．これがプラスであれば水準 1 の方が水準 2 よりも特性値が大きく，マイナスであればその逆であり，その絶対

値が大きいほどその要因が特性値に与える影響が大きいことを意味する．

表4.2の右上にその結果を示すように，各列の差の大きさは第1列，第7列，第3列，……の順番であり，割付との対応からA，E，A×B，C，Dの順番で特性値への効果が大きいことを意味する．ここで交互作用も相対的に大きな効果をもつことから，AとBの組み合わせ（2元表）で和を計算し，さらにその平均値（2元表の値をデータ数2で割ったもの）を図示すると，表4.2の右下のようになる．このような二つの要因の組み合わせの平均値を図示したとき，B_1とB_2の線が平行になれば交互作用の効果がないときであり，この場合のように交差するときや平行でない場合は交互作用の存在を意味する．

もし特性値が大きいほど望ましいならば，それぞれの要因，そして交互作用が存在する場合はその組み合わせで最大の値の水準を選択すればよい．この例題の場合には，$A_1B_1C_1D_2E_2$となる．なお，この場合，相対的に効果の小さい要因の効果C，Dは無視してもよいように見えるが，統計的にこれを判断するためには，割付をしていない5列や，相対的に効果の小さい列を誤差と考えて，分散分析（analysis of variance：ANOVA）と呼ばれる方法によって判断すればよい．

以上，簡単に直交表の考え方と使い方について説明したが，2水準系の直交表には要因の数が7個以上になったとき使われる$L_{16}(2^{15})$などがある．また各要因の水準が3の場合に使われる$L_9(3^4)$，$L_{27}(3^{13})$があり，それぞれ実験回数が9回，27回，割り付けられる要因数が最大4個，13個である．

4.5　品質工学とパラメータ設計

■品質工学

　SQCと並んで品質のつくり込みで広く用いられる方法論としては，品質工学，あるいはこれを考案した田口玄一博士の名前を取り，タグチメソッドと呼ばれる方法がある．品質工学における品質の定義は，「品物が出荷後，社会に与える損失．ただし機能そのものの損失は除く」とされる．ここで損失とはバラツキの大きさであり，機能そのものの損失とは，たとえばお酒であれば酔うことに伴う弊害，たとえば二日酔い等である．品質工学の中にも多くの手法があるが，ここでは代表的なパラメータ設計（あるいはロバスト設計）の考え方を紹介しよう．

表4.3 パラメータ設計の例

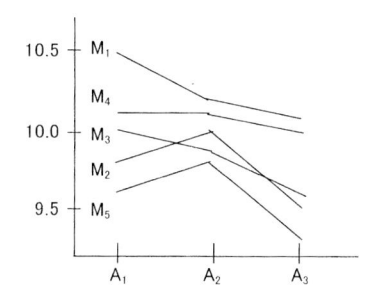

	M_1	M_2	M_3	M_4	M_5	$\bar{y}$	V	η
A_1	10.5	9.8	10.0	10.1	9.6	10.0	0.115	869.6
A_2	10.2	10.0	9.9	10.1	9.8	10.0	0.025	4000.0
A_3	10.1	9.5	9.6	10.0	9.3	9.7	0.115	818.2

■パラメータ設計

今,ある回路の出力電流値を品質特性 (10 A が目標値) について,制御因子 A (要因) のパラメータ設計をしたい.この回路の使用条件の変化 (電圧や周波数の変動) や抵抗やコンデンサーの劣化を想定した五つの状況を,人工的に M_1 から M_5 の条件として設定した (品質工学では誤差因子と呼ぶ).制御因子 A のパラメータ値として,A_1 から A_3 の3水準をとり,それぞれ M_1 から M_5 までの誤差因子のもとで特性値を測定した結果が,表4.3の表と図である.

パラメータ設計の目的は,誤差因子で与えられた使用上のノイズ条件のもとでも安定 (頑健・ロバスト,robust) な出力を出せる制御因子の条件を見つけることである.そのときの尺度がSN比と呼ばれる.SN比とは,平均的な出力性能 (μ) をバラツキ (σ) で割った μ/σ の2乗 $\eta = \mu^2/\sigma^2$ で定義され,これが大きいほど条件が変化しても安定した出力性能をもつことを意味する.品質工学の場合,性能値に目標値がある場合である望目特性,大きいほど望ましい望大特性,小さいほど望ましい望小特性ごとにSN比の計算方法が定義されている.ここでは簡便に,μ^2 の推定値として M_1 から M_5 までの平均 $\bar{y}$ の2乗 $\bar{y}^2$,そして σ^2 の推定値として不偏分散 $V = \sum_{i=1}^{n}(y_i - \bar{y})^2/(n-1)$ を用いることにする.この場合,$n=5$ であり,V は $(y_1^2 + y_2^2 + \cdots + y_5^2 - 5\bar{y}^2)/4$ と書き直すことができることから,η は表4.3のように計算できる.なお,σ^2 で表記される分散 (variance) とは,標準偏差 σ と同じくバラツキの大きさの尺度であり,標準偏差の2

乗と定義されるものである．V は σ^2 の偏りのない推定値という意味で不偏分散という言葉が用いられている．

これより A_2 の SN 比が 4,000 で，他の 2 水準に比べて著しく大きい値を示していること，すなわち A_2 がノイズや劣化に対してロバストなパラメータ値であることが結論付けられる．これを A と M の二元表の形式で図示すると，表 4.3 のようになる．A_1，A_3 に比べて A_2 では，M の条件の違いによる出力の変化が少ないことがわかる．パラメータ設計の原理は，制御因子 A と誤差因子 M の間にこのような交互作用があることを活用したものである．

この場合，A_2 の平均出力性能は，10A とたまたま目標値に一致しているが，もしこれが目標値とずれている場合には，A_2 を選定した上で誤差因子と交互作用をもたない別の制御因子を探し，それにより目標性能に一致するように調整するという 2 段階の設計アプローチが用いられる．またここで示した数値例は制御因子が一つであったが，前節のように五つの制御因子がある場合には直交表が用いられることが多く，制御因子を割り付ける部分を内側配置という．この内側配置の実験 No. ごとに誤差因子が割り付けられ，その部分は外側配置と呼ばれる．いずれにしてもパラメータ設計では誤差因子を取り上げるために実験回数が増えることから，直交表が用いられることが多い．

Column 4.4 ——

信頼性と時間と数（コスト）の壁

品質を時間軸で考えた場合の重要概念が信頼性（reliability）である．信頼性とは，"アイテムが与えられた条件で，規定の期間中，要求された機能を果たす性質" と定義され，使用中の時間軸を考慮した品質ともいうべきものである．日常用語でもよく使われる故障（failure）は，要求された機能を果たせなくなった状態である．自動車や建設機械等の耐久財では，たとえば製品の 10% が故障するまでの時間を B10 ライフと呼び，製品の信頼性を保証するための重要な尺度となっている．信頼性を考える場合，耐久性，保全性，設計信頼性の三つの要素が重要である．

耐久性とは，故障に至らないなるべく長もちする性質であり，その尺度として信頼度 $R(t)$ がある．これは時間 t まで故障しない確率である．この $R(t)$ から，上述の B10 や平均の故障の時間間隔である MTBF (mean time between failure) 等が求められる．MTBF は長い方が耐久性が優れていることを意味する．また故障確率の大きさの時間推移パターンを表現するものとして，時間 t まで動作してきたものが次の単位時間で故障する確率をあらわす故障率 $\lambda(t)$ がある．$\lambda(t)$ が時間と

ともに減少するときはDFR（decreasing failure rate），一定のときはCFR（constant failure rate），増加するときはIFR（increasing failure rate）と呼ぶ．複雑な製品やシステムは，初期故障の時期に対応したDFRから，CFRに移行し，劣化しはじめた時点でIFRに移行するというパターンが一般的である．このような故障率の推移を時間軸上に描くと，風呂桶の断面に似ていることからバスタブ曲線と呼ぶ．

保全性は，故障や不具合の修復活動である保全（maintenance）の容易さをいう．故障が起こっても修理することで再使用できる場合，あるいは故障する前に定期的に問題の起きそうな不具合を発見し，その部分のみ修理できれば故障を未然に防ぐことができる場合もある．前者を事後保全，後者を予防保全と呼ぶ（5.6節のTPM参照）．保全性の尺度としては，修理を完了する時間であるMTTR（mean time to repair）があり，MTTRは短いほど望ましい．

そして最後の設計信頼性は，耐久性，保全性に加えて，故障や誤動作が起こってもシステム全体としての安全性に重大な影響を与えないような製品やシステム設計をいう．ひとつは，航空機のようにひとつのエンジンが停止しても残りのエンジンで十分使命が果たせる冗長設計等のフェイル・セイフ（fail safe：安全設計）である．そして今ひとつが，色，形状，音等を工夫してなるべくミスをさせない，たとえミスしても自動的に止める装置を工夫するというバカヨケ（ポカヨケ）と呼ばれるフール・プルーフ（fool proof）の考え方である．

製品等の寿命を推定する際に実施される寿命試験は，信頼度が高くなるほど長時間の試験が必要となる．加えて寿命試験は破壊試験であることから，そのための数やコストが制約となる．これらの問題のことを，信頼性では「時間と数（コスト）の壁」と呼ぶ．このような問題を克服するために，DR等の安全性や信頼性を高める組織的活動や，9章で述べるFMEA等の信頼性確保のための手法の活用が重要となってくる．

4.6 組織的改善活動とTQM

■QCサークル

SQCが1950年頃に米国からわが国に伝わり普及してくると，それが組織的な改善活動（continuous improvement）としてわが国独自の進化を遂げることになる．1960年代になると品質の専門家や技術者だけでなく，第一線のオペレータでも職場ごとに小集団での改善活動が組織化される．それがQCサークル（QCC：quality control circle）で，身近な改善テーマを掲げ，勤務時間外の時

間帯を利用して QC 七つ道具のような簡易手法を用いながら改善活動が進められる．テーマを完了すると，社内での QCC 大会で発表し，それに優勝すると，地域内での大会に代表者として参加，さらに勝ち残ると次には全国レベルの大会というように，一企業を超えた QCC 活動支援のための組織化がなされている．

QCC のねらいは，ただ改善テーマの解決による品質向上に加えて，改善を通しての企業経営への参画意識や達成感，そして多能工と同様なエンパワーメント感覚によるハーズバーグの動機付け要因として機能することが挙げられる．QCC への参加はあくまでボランティアが標榜されてきたが，近年の社会的な圧力により残業代を支払う職制活動の一環となりつつある．この QCC が生まれて普及したことを契機に，全部門，そして全階層が品質改善活動に係わる TQC (total quality control：全社的品質管理) が誕生する．同時に，製品やサービスの質だけでなく，たとえば，"次工程はお客様" という言葉が考案されたように，すべての仕事や業務の質も改善の対象となった．

■ **TQM**

わが国で誕生した TQC は全世界に広がるとともに，1990 年代後半には TQM (M はマネジメント) という呼称に変化する．その本質は，全員参加のもとで組織的に Plan (計画)，Do (実行)，Check (チェック)，Action (対策) の PDCA サイクルを回すことである (図 4.7 左参照)．すなわち，業務を遂行するとき，まず計画をたて，そのもとで実行し，その結果をチェックすることで，問題があればそれに対する対策をとる．そしてまた新たな計画のもとでこのサイクルを回すことで，継続的に品質向上を図ろうというものである．この PDCA の A の次にそれを標準化する S を加えて PDCAS，あるいは標準をスタートライ

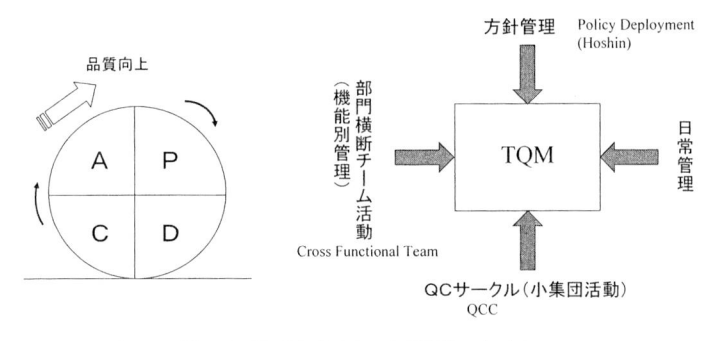

図 4.7 PDCA サイクルと TQM のしくみ

ンにしてSPDCAと呼ぶこともある．

　このような継続的改善をベースに，TQMは図4.7右に示すようにトップダウン的な方針管理とボトムアップ的なQCC，そしてあらゆる業務における日常管理，重要テーマについて部門横断的なチームを形成して取り組む機能別管理，の四つの要素からなる．

　方針管理（policy management）とは，その企業のビジョン，中長期目標年度から年や期ごとに具体的な社長方針がまず立案され，それに基づき役員，部長，課長へと役割に応じて具体性をもったそれぞれの方針へと展開され策定される．トップダウンといっても一方的に方針が決められるのではなく，上位の方針とキャッチボールしながら下位の方針が決められる．各部門では，決められた方針目標を具現化するための計画，実施，チェック，そして次の期の計画に反映するためのアクションのPDCAサイクルが回される．

Column 4.5 ──

目標管理と方針管理，そしてBSC：管理技術のブーメラン現象

　わが国で方針管理が編み出される前に，米国では目標管理（MBO：management by objective）の存在が知られていた．MBOは文字どおり個人に短期的な目標を与えてその結果と報酬を結びつけることによって，仕事に対するインセンティブを与えようとしたものである．しかしながら，仕事の成果は個人の努力と必ずしもリンクしない側面があり，そのときの不満により必ずしもうまく機能しなかった．方針管理は，そのような反省もふまえて，まず言葉として目標という言葉の代わりに"方針"というよりソフトな表現におきかえるとともに，報酬だけでなく人事考課とも切り離して運用されるのが一般的である．

　わが国のTQCの米国によるベンチマーキングの結果，米国版方針管理とも呼ぶべきBSC（balanced score cared：バランス(ド)スコアカード）が考案される．ここでバランスとは，米国的な短期的の評価から長期的視点，そして財務的な指標からTQMのようにそのプロセスである業務の視点をバランスさせるという意味であり，財務的視点，顧客の視点，ビジネスプロセスの視点，学習と成長の視点という四つの視点からの戦略目標を策定し，方針管理のように展開していく手法である．戦略目標から業務評価指標に落とし込み，それらのターゲットをチームメンバーで共有することで戦略目標を達成しようというものである．

　後述する6シグマを含めて，SQCや目標管理が米国からわが国に入り，TQCとして組織化・精緻化され，それが米国に渡って時代の流れと米国流にカスタマイズされる．そしてそれがまたわが国に戻ってくるという現象を，筆者は管理技術のブ

ーメラン現象と呼んでいる．JITやTQCをベンチマークすることによって生まれたTOCもその一つである（10章参照）．

次に日常管理（daily management）とは，日々の行うべき業務を確実に遂行する管理であり，その基本は標準化にある．まずは仕事のやり方や手順の標準を規定した標準（P）に基づいて業務を実践（D）できることである．もしそれで問題や思った成果が得られないなら（C），必要なアクション（A）がとられる．さらに標準自体を見直し，改善が必要となる場合もあり，改善結果を新たな標準として設定し直すというサイクルが回される．

そして機能別管理（cross-functional management）とは，クロスファンクショナル・マネジメントという呼称で，今やTQMの枠を超えて世界中で広く知られているものである．QCDに係わる重要テーマについて，部門横断的にチームを編成して問題解決に当たるものである．ここで若干ややこしいのは機能別管理の機能はQCD等の機能別テーマを指し，クロスファンクショナルのfunctionは部門や職能を指している．プロジェクト型の改善・革新活動であり，たとえば30％のコストダウンというチャレンジングなテーマが設定されたとすると，関係する設計，製造，生産技術，調達，営業等の社内の部門だけでなく，サプライヤーもそのメンバーに加えたプロジェクトチームが編成される．

QCCを含めたこれらの要素に加えて，TQMは新しい仕事の仕方のコンセプトを与えている．中でも"品質は工程でつくり込め"からはじまったわが国の品質管理は，"品質とコストは設計で80％決まる"という考え方のもとに源流管理の言葉と取り組みをいち早く確立した．また"品質とコストはトレードオフ"という従来の考え方を否定し"品質をよくすればコストも下がる"という逆転の発想ともいえる提唱もなされている．

TQMの推進の仕方は企業ごとに異なる．たとえば，トヨタ自動車のグループではTQM推進室や経営企画室が全社的な推進を統括する．またTQMという言葉を標榜しなくても，方針管理やQCC，そしてCFT（クロスファンクショナル・チーム）を導入している企業も多い．一方，TQMの効果的な推進に対して企業に与えられる賞としては，戦後わが国のSQCの普及やTQCの形成に貢献したW. E. デミングの名前を冠したデミング賞がある．このデミング賞挑戦をTQM推進の組織的インセンティブとして活用するのも一つの途であろう．

なお，1990年頃から世界的なデミング賞を含むわが国品質のベンチマーキングを通して，米国マルコムボルドリッジ賞，欧州品質賞に代表されるように，多くの国で国家品質賞が創設されている．

Column 4.6

シックスシグマ

わが国のTQCのベンチマーキングにより，米国で誕生し，再びわが国に伝播した取り組みにシックスシグマがある．1980年代にモトローラではじまり，製品・サービスの不良率がppmオーダーであることを意味する6シグマをネーミングとしている．顧客にとっての問題点からスタートし，トップダウン的に決められる改善テーマに対して，徹底したプロジェクト方式がとられるのが特徴である．改善プロジェクトの中核を担うのが，ブラックベルトという呼称，資格をもつ専任者である．これに日常業務の組織に属しながら必要に応じてグリーンベルトと呼ばれる人々がプロジェクトに参画する．

またプロジェクトの問題解決・分析における統計パッケージが徹底活用され，ブラックベルト等の資格制度ともリンクして，この統計パッケージ活用のための教育が組織化されている．またわが国のTQMとは異なり，シックスシグマの活動成果そのものを人事考課と直結させているのも特徴である．

4.7　QMSとISO 9000

品質マネジメントシステム（QMS：quality management system）と呼ばれる国際規格にISO 9000ファミリー規格がある．組織が品質に関する方針・目標を定め，それを達成するためのマネジメントのしくみを規定したものである．要求事項として，方針・目標の策定，製品実現のプロセス，継続的改善の実施等があり，その基本は文書化である．さらにその組織，その顧客でない第三者による認証制度（certification system）があり，認証団体が当該組織のISO 9001に基づくQMSを審査することにより，認証が取得される．

この世界共通の認証制度は，グローバルな取引の中で品質に関する一定の能力を有することの認識が共通化されることを企図したものである．しかしながら文書化を中心とするシステムの認証であり，その成果としての製品やサービスの質を保証するものではない．わが国でも多くの組織がISO 9001の認証を取得して

いるが，取得とその定期的なサーベランス（監査）による継続に留まっている限り，仕事のやり方やノウハウが暗黙知化しがちなわが国の組織風土の打破に役立っても，実際の品質向上やそれに伴う経営成果に結びつかない．

なお，同様な環境に関する国際規格と認証制度に，環境マネジメントシステム (EMS：environment management system) ISO 14000 シリーズがある．

【演習問題】

4.1 ある品質特性の上限規格が 20.0，下限規格が 18.0 である．2 台の同じ設備 A，B があり，A で製造された場合の標準偏差は 0.4，B の場合は 0.5 であった．それぞれの工程能力を求めよ．それぞれ分布の平均は規格の中心にあるとしたとき，それぞれの不良率を推定せよ．

4.2 表 4.1 のチェックシートから機種別，色別に層別したパレート図を作成し，そこから得られる情報を述べよ．

4.3 表 4.2 の例において，直交表を用いないすべての水準の組み合わせの実験（要因配置と呼ばれる）を行うとすると，何回の実験が必要か．

4.4 ISO 9000 の認証取得のための活動と TQM の実践とでは，どのような目的の違い，あるいはその効果の違いがあると考えられるか．

5 コスト・マネジメント

 本章では，QCDの中のC，コストあるいは原価を対象としたマネジメントについて述べる．オペレーションズ・マネジメントの基礎である標準原価という管理会計の概念から，激しいコスト競争によって，原価そのものをつくり込む，あるいは常に原価低減を図っていく戦略的コスト・マネジメントが求められている．本章では，ベースとなる標準原価計算および現在におけるその問題点について述べ，それを補完するための手法，そして戦略的コスト・マネジメントの手法およびその組織的取り組み活動について紹介する．

5.1 原価計算とコスト・マネジメント

 原価（cost）とは，企業が資源を投入して製品・サービスを製造，販売するのに要したコストである．利益（profit）は，製品・サービスの価格から原価を差し引いたものであるので，この原価を計算し把握することは企業経営の基本である．財務会計（financial accounting）の立場からは，この原価計算（cost accounting）のデータからB/S，P/Lが作成される．同時に管理会計（managerial accounting）という立場からは，原価の標準を設定，実際の原価を計算することでその差異を把握し管理するというコスト・マネジメントの考え方が，テイラーと同時代に確立されていく．それが現在でも広く使われている標準原価計算（standard cost accounting）である．
 一方，市場における激しい企業間競争にさらされている状況では，原価に利益を上乗せしたコストプラス法による価格設定は通用せず，いくら原価がかかっても売れる価格は市場が決める状況にある．その意味では，他社に比べていかに低い原価で製品・サービスを提供できるかというコスト競争力を高めることが，差別化戦略と並んで競争優位をもたらす大きな企業戦略となる．そのためには，常

に原価低減を図る改善活動や，新製品・サービスの開発・設計の段階で原価を作り込む戦略的なコスト・マネジメントが不可欠となっている．

5.2 原価の分類と標準原価計算

■原価の分類

製品原価の原価計算を行う際，消費された原価は，表5.1に示すような二つの分類にしたがって集計される．ひとつは形態別分類であり，材料費，労務費，経費の3区分である．今ひとつは製品との関連による分類であり，直接，製品に紐付けることができる直接費（direct cost）と，紐付けることができない間接費（overhead cost）である．製造原価は，両者を組み合わせた6種類の費目から構成される．

表5.1 原価の分類基準と分類

		製品との関連	
		直接費	間接費
形態別	材料費		
	労務費		
	経費		

通常，1カ月という単位でこれらの製品の構成費目別に原価が集計される．直接的に製品に紐付けるこのできない間接費については，一度部門等にプールされ，配賦（allocation）という操作を経て製品ごとに割り付けられる．配賦の基準としては，製品の生産高や直接工の作業時間等であり，プールされた間接費をその大きさに比例配分した金額が，各製品に配賦される．そして仕掛品，製品ごとにこれらの原価を集計することで原価が算定される．

■原価計算の方法

原価計算の方法としては，1期間のすべての製品の原価の合計額を算定した後，製品ごとに原価を算定する総合原価計算（process cost accounting）と，受注生産のような個別製品ごとに原価を集計していく個別原価計算（production order cost accounting）がある．また計算の際に用いる数値（賃率や材料費単価等）については，事後的に実際の原価を用いる実際原価計算と，予定原価を予め

標準として設定しておく標準原価計算がある．そして広く使われているのが，この標準原価計算である．

基本的に，完成品総原価は次式で計算される．

当月完成品総原価＝当月製造原価（製造費用）＋月初仕掛原価
－月末仕掛原価

ここでは総合原価計算による完成品の製品原価を算定する方法について述べよう．製品原価を計算する際に注意しなければならないのが，仕掛品（work in process）の存在である．当月製造原価が算定されても，それを仕掛品と完成品とに配分する必要がある．そのためには加工進捗度という概念が必要となる．また月初仕掛品が存在した場合にその原価を計算に加える必要があるし，またそれが完成品になったのか，あるいは当月着手して完成したものかを区分する計算法のルールが必要となる．

■平均法によるモデルケース

今，製品Aの1カ月間の製造費用を算定すると，材料費3,450（1個当たり1.5/個で購入し2,300個投入），加工費が3,700（直接労務費1,200と間接労務費，そして経費の製品Aへの配賦金額2,500の合計）で計7,150であった．月初仕掛品が500個（加工進捗度50％），そして，月末仕掛品1,000個（加工進捗度40％），完成品1,500個であったとしよう．なお，月初仕掛品原価1,950は，材料費850，加工費1,100であった．

ここでは原価の配分に，月初仕掛品と当月投入分も区別しないで加工するということを仮定する平均法を用いるとしよう．平均法による場合，月初仕掛品原価と当月製造原価を，完成品と月末仕掛品の個数に応じた配分を考えればよい．ただし加工費については加工進捗度を考慮した半分とする必要があるため，材料費，加工費に分けて計算する必要がある．図5.1にその計算過程が示してある．

まず材料費については，月初仕掛品分の850と当月製造分の3,450との合計4,300を，1,500個の完成品と1,000個の当月末仕掛品の合計2,500個で割った1.72が1個当りの材料費となる．これにそれぞれの個数を掛けることにより，完成品2,850，月末仕掛品1,720の材料費が計算される．一方，加工費については，完成品1個の加工工数1に対して当月末仕掛品の進捗度は0.4であるので，月初仕掛品1,100と製造原価3,700の加工費の合計4,800を（1,500＋1,000×0.4）で割った2.53が完成品1個当りの加工費となる．したがって，完成品の場

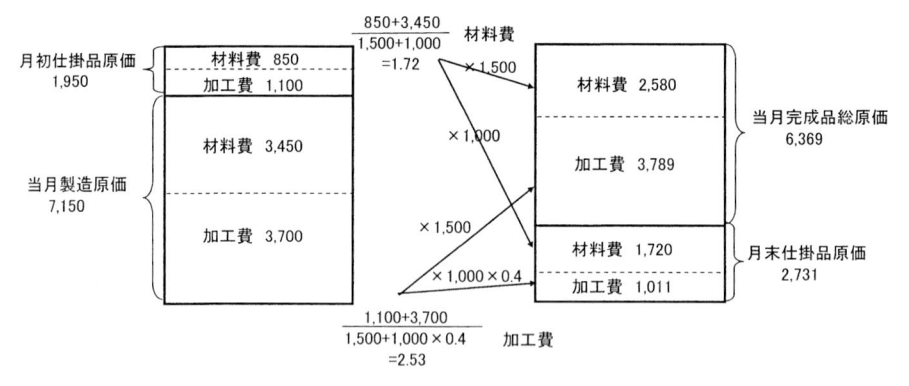

図5.1 平均法に基づく完成品総原価，月末仕掛品原価の求め方

合にはこれに1,500，仕掛品の場合には進捗換算量1,000×0.4を掛けた，3,789，1,011がそれぞれの加工費となる．

以上から，当月完成品総原価6,369，月末仕掛品原価2,731となる．これは上述の式，当月完成品原価（6,369）＝当月製造原価（7,150）＋月初仕掛原価（1,950）－月末仕掛原価（2,731）の関係を満足している．そして完成品1個当り原価は，6,369/1,500＝4.246となる．

■先入先出法

上の例では平均法による計算方法を用いたが，別の方法として月初仕掛品500個をまず完成品にする先入先出法がある．この場合には材料費は同じであるが，加工費の計算には月初仕掛品の進捗度も考慮した計算が必要となる．まず完成品の加工費の単価は，月初仕掛品の進捗分を差し引き月末仕掛品の進捗分を加えた個数で当月分加工費を割った，すなわち $3,700/(1,500-500\times0.5+1,000\times0.4)=2.242$ と計算される．したがって，月末仕掛品の加工費がこの単価に $1,000\times0.4$ を掛けた897となり，これに材料費1,720を加えた2,617が月末仕掛品原価としてまず計算される．そして当月製造原価と月初仕掛品原価の合計9,100からこれを差し引くことによって，当月完成品総原価は6,483と計算される．この場合，完成品1個当たり原価は，6,483/1,500＝4.322となる．このように計算ルールにより，1個当たり原価も異なってくることに注意する必要がある．

5.3 標準原価計算によるコスト・マネジメント

　標準原価計算では，目標となる原価標準が設定される．この原価標準と実際の原価計算から求められる実際原価との差異から，その差異の原因を探求することでコスト増に結びつく原因の除去等の是正処置をとることができる．逆にコスト削減の可能性を突き止め，それを新たな標準にすることでコスト削減を推進することもできる．

　ここでは材料費を例とした差異分析を考える．先の例題において材料1個当りの標準価格が1.6/個で，完成品2,000個をつくるのに必要な数量の消費標準が，工程不良等の歩留まりを考慮して2,100であったしよう．当月分の実際の材料費は3,450で，総差異は，

　　　総差異＝3,450－標準価格(1.6)×消費標準数量(2,100)＝90

標準より90（不利差異）だけオーバーしている．さらに総差異＝価格差異＋数量差異であり，それぞれ以下のように定義，そして計算される．

　　　価格差異＝(実際価格－標準価格)×実際消費量
　　　　　　　＝(1.5－1.6)×2,300＝－230（有利差異）
　　　数量差異＝(実際消費量－標準消費量)×標準価格
　　　　　　　＝(2,300－2,100)×1.6＝320（不利差異）

　これからわかることは，価格については標準より少ないコストで済み有利な差異となっているが，数量については標準よりも大きな数量を消費している．もしこの価格が今後も維持できそうであれば，標準価格を1.6から1.5に改訂する必要があろう．一方，数量については，工程不良等による歩留まりの落ち込みによるものであり，4章で述べたような品質向上のための原因究明と改善が求められる．

5.4 利益計画とCVP分析

■損益分岐分析

　これまで見てきたコスト，すなわち原価は，設備の減価償却費のように生産量や販売量によって無関係で短期的には一定のものもあれば，材料費のように生産量に比例して変化するものもある．この立場による原価区分が，固定費（fixed

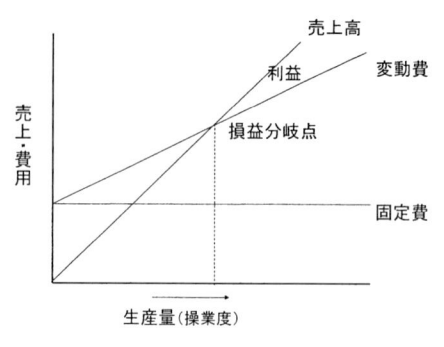

図5.2 損益分岐点分析

cost）と変動費（variable cost）である．企業の最終的なゴールである利益の計画を策定する場合，この区分に基づく損益分岐分析（break-even analysis）によって次期の生産・販売量計画量が決定される．

損益分岐分析は，横軸に生産量・販売量あるいは操業度，縦軸に原価・売上高をとり，原価（cost），生産量・販売量（volume），利益（profit）の関係を見るためのものである．それぞれの頭文字をとりCVP分析とも呼ばれる．図5.2はその例であり，原価は固定費と，固定費の上に生産量による変動費を上乗せした総コストの線で描かれる．これと売上高との差が利益であり，生産量が増加し売上高と交わる点，損益がマイナスからプラスに転じる0となる点を，損益分岐点（break-even point）と呼ぶ．

今，製品1個当り販売価格を p，変動費を v，そして1期間（年）の固定費を F，そして図5.2の横軸，生産量・販売量を x，目標利益を G としよう．図より，G は，

$$G = px - (F + vx)$$

と表現される．これを x について解くと，$x^G = (F+G)/(p-v)$ となる．したがって目標利益を達成するためには，x^G だけの売上が必要となり，それを達成するための具体的施策にさらにブレークダウンした計画策定が求められる．$G=0$ とすると損益分岐点に対応した生産量・売上量となり，$x^0 = F/(p-v)$ で与えられる．

■貢献利益と直接原価計算

CVP分析で売上高から変動費のみを差し引いた利益は，貢献利益（contribution margin）と呼ばれる．上の式の $(p-v)$ は，1個当りの貢献利益に相当す

る．この貢献利益は，10章のTOCにおけるスループットに相当するものである．

　売上高から変動費（変動製造費，変動販売費）のみを差し引き貢献利益を計算，そして固定費（製造固定費，販売固定費・一般管理費）を差し引き営業利益を算出する方法は，直接原価計算（direct costing）と呼ばれる．直接原価計算は，製品ごとに厳密に集計できる変動費のみを製品が負担する原価として，貢献利益による製品の利益への寄与度の評価や，事業部や工場等の業績評価や短期利益計画に多く用いられる．

5.5　標準原価計算の問題点とABC

■標準原価計算の限界

　テイラーの標準という考え方に基づく標準原価計算も，コスト・マネジメントという立場からは，時代の変化によって齟齬をきたすようになってきた．ひとつは，グローバルな競争が熾烈化する中，コスト競争力を維持するためには常に後述するようなコスト削減努力が不可欠であり，原価標準そのものの有効期間が著しく短縮したということである．これが次節で述べる戦略的コスト・マネジメントにつながる．

　今ひとつは，間接費の配賦の問題である．標準原価計算が考案された頃は，原価構成のほとんどが直接費，そしてその大部分が直接材料費と直接労務費であった．したがって，間接費の製品への生産量等の基準によって配賦しても，全体としての製品原価への影響は小さく問題にならないものであった．ところが自動化が進展し，一方で多品種化やそれに伴う小ロット化によって，特に直接労務費の占める割合は激減し，かわりに間接費の割合が著しく増加した．

Column 5.1 ──

標準原価計算のマジック

　週当たり需要は製品X，製品Yともに100個で売価はいずれも5.1万円，それぞれの変動費（材料費）も2万円/個である．労務費は固定費であるが工場全体として600万円であり，その大きな部分は直接製品X，Yに紐付けできない間接費である．標準原価計算では，製品原価を計算する必要から，この600万円は製品X，Yの売上高に比例して配分する"配賦"がなされている．この場合，売上高は

等しいために，300万円がそれぞれ配賦され，図5.3に示すように製品Xの製品原価は，1個当たり5万円と計算される．製品Yも同様である．このような状況がしばらく続いたために，この5万円が両製品の標準原価として設定されているものとしよう．

さて，ここで工場全体に余力があることを感じていた製品Xの担当課長が，現在の市場と全く異なる市場を開拓した（値崩れの心配がない）．その需要は1個4.5万円の売価で週当たり40個である．これを受注すると追加的に材料費である変動費は個数に比例して増加するが，間接費等は現状で十分こなせ，追加的な固定費は発生しない．

1) ところが標準原価計算の意思決定のもとで，担当課長の提案は受け入れなかった．なぜであろうか．

2) 担当課長の説得によりようやくこの提案が受け入れられ，工場の利益率向上に寄与することができた．しかしながら，本社サイドの評価として，利益率をより向上した功績により製品Yの担当課長が，工場の製造部長にめでたく昇進してしまった．何が起きたのであろうか．

1)の問題に答えるには，図5.3（この図中貢献利益は，スループットという用語が用いられている）の下の説明を参照されたい．製品Xの標準原価は5万円で売価は4.5万円のために表面上赤字であり，標準原価計算による意思決定を依然と

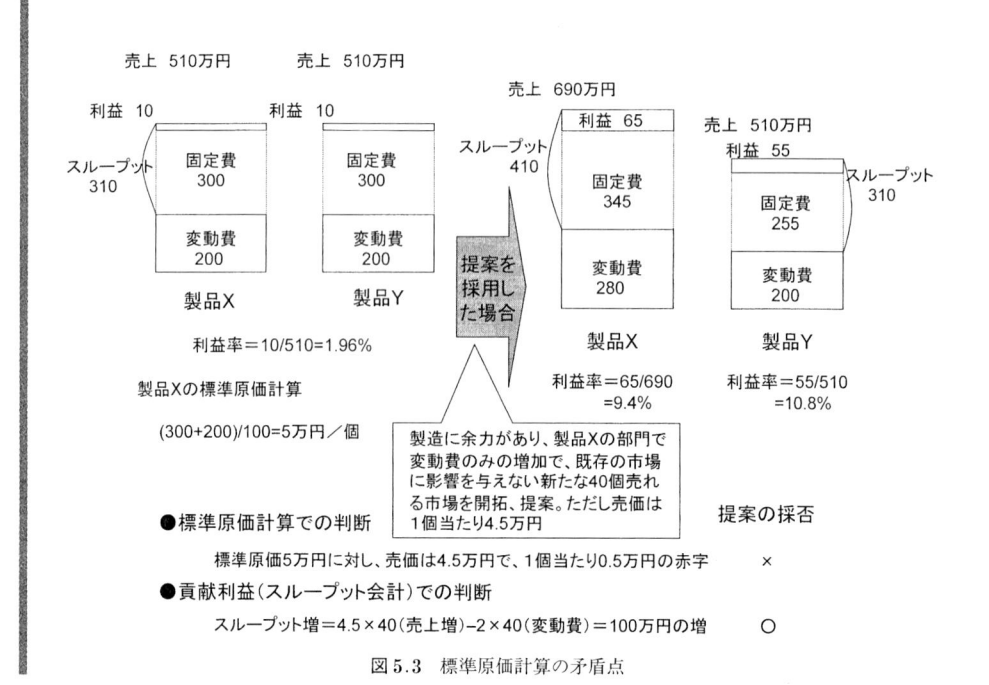

製品Xの標準原価計算

$(300+200)/100 = 5$ 万円／個

●標準原価計算での判断
　標準原価5万円に対し，売価は4.5万円で，1個当たり0.5万円の赤字　　×

●貢献利益（スループット会計）での判断
　スループット増 $= 4.5 \times 40$（売上増）$- 2 \times 40$（変動費）$= 100$ 万円の増　　○

図5.3　標準原価計算の矛盾点

して遵守する経理部門の反対があったということである．一方，スループット（貢献利益）を計算すると，100万円の利益増であり，固定費増はないことから，受注する方が得策であることは明快であろう．

そして，2) の問題は配賦という操作がかかわってくる．図5.3の右側に示すように，受注後の製品 X の売上は690万円に増加する．工場全体としての固定費増はないにもかかわらず，製品 X の固定費が300万円から345万円に増加し，何もしない製品 Y の方は逆に300万円から255万円に下がっている．これは全体の固定費である間接費600万円を売上高に応じて製品 X と Y に配賦したため，製品 X は売上高が増えた分，配賦される固定費も増えたことによる．その結果，せっかく新たに100万円の利益を稼ぎ出したにもかかわらず，製品 X の売上高利益率は9.4％で，製品 Y の売上高利益率10.8％よりも小さくなっている．

この数字を本社サイドから眺めれば，10.8％と利益率を大きく引き上げた製品 Y の課長が評価され，めでたく昇進ということになったということである．無策の課長が，標準原価計算の配賦というマジックにより評価されたという笑うに笑えない話である．

■ ABC

このような間接費の割合が増大すると，間接費の機械的な配賦は製品原価の計算に大きな歪みを与え，様々な誤った経営判断に陥ることも少なくない．これを補うものとして登場したのが ABC（活動基準原価：activity based costing）である．簡単にいえば，ABC とは，コスト格差が発生する最小の活動（方法）単位でアクティビティを定義し，そのコストの把握を通して製品やサービスの原価を計算しようというものである．

たとえば，図5.4に示す受注・発注業務について，従来は労務費を中心とした受注発注業務を一括して間接費としてコスト計算し，その後商品の売上高に応じて各商品に配賦していた．ABC では，まず業務をその要素に分解し，その要素ごとにコスト格差が発生するアクティビティが定義される．たとえば受注といっても，EDI（電子データ交換）で受けるか，FAX で受けるか，電話で受けるかによってコストが異なることが予想される．ある一定期間のそれぞれのアクティビティごとのコスト（作業時間等で積算）を計算し，これをそれぞれの件数で割ることによって，1件の処理当たりのコストが決まる．

同様なことを各アクティビティで実施すれば，同じ業務でもアクティビティ（手段）が異なればどのくらいのコスト差があるのかが明確となり，たとえば電話や FAX による受注から，すべて EDI に切り替えられれば，どのくらいコス

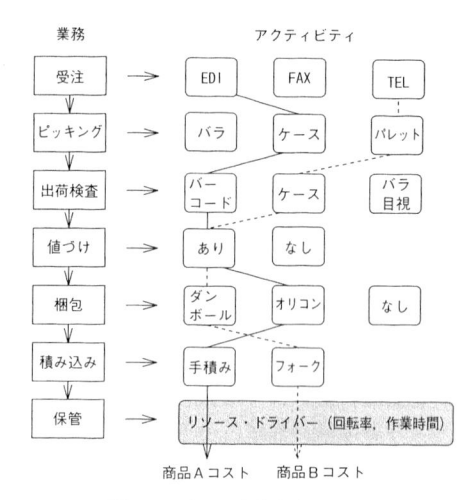

図5.4 受注・出荷業務のABC

トが軽減され，もし新たな投資が必要であれば，その投資効果も客観的に見積もることができる．そして何より，商品AはEDIで受注し，ケース単位でピッキング，というように，商品ごとに用いる手段が異なれば，それぞれのアクティビティのコストに件数を掛けたものの総和を求めることで，商品ごとの正確なコスト把握が可能になる．

なお，保管のように共通的な要素の業務については，商品ごとに異なる作業時間等（コストを発生させる基準として，リソース・ドライバーあるいはコスト・ドライバーと呼ばれる）を測定し，その大きさに応じてコストが計算される．

5.6 戦略的コスト・マネジメント：原価企画とVE

■原価企画

商品の価格は市場の競争状況から決まることが多い．そのような状況で利益を確保するために，財務会計や管理会計から一歩踏み込んで，組織的にコストダウンを図る戦略的コスト・マネジメントと呼ばれる活動が必要とされるようになってきた．商品のコストは設計の段階で80%決まるといわれる．したがって利益を確保するためには，予定販売価格から利益を引いた目標コストを設定し，新商品開発段階でこの目標コストを作り込む活動が必要となる．このような活動はト

5.6 戦略的コスト・マネジメント：原価企画と VE

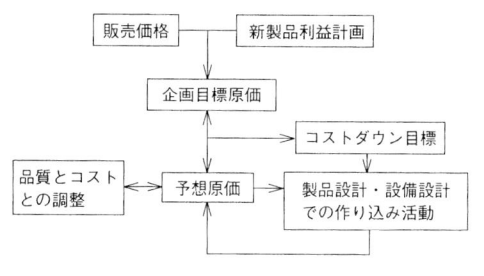

図 5.5 原価企画の体系

ヨタグループではじまり，現在では一般に原価企画（target costing）と呼ばれる．

図 5.5 に示すように販売価格，新製品の利益計画から策定される目標利益から，目標原価が算定される．一方，現状での製品設計やその工法から予想原価が算定され，目標原価との差がコストダウン目標となる．このコストダウン目標に基づき，製品設計，工法，そして調達原材料の徹底的な見直しや再設計が行われる．場合によっては最終的な顧客の要求や製品全体として機能に影響を与えない範囲で，使用部品の品質の見直し・調整も行われる．これらの見直し・再設計は，予想原価が目標原価に達するまで繰り返される．

原価企画を進める三つの要素として，"設計"，"つくり方"，"買い方"があり，それぞれ製品設計，工程設計（工法），購買の観点からコストダウンの検討がなされる．たとえば "設計" でいえば共通部品の活用や，9 章で紹介する VR や DfX 設計である．そしてこの三つに共通して用いられる有力な手法の一つに，VE（価値工学：value engineering）がある．

■ **VE**

VE は，製品のライフサイクルにわたる必要機能に着眼したコスト改善の組織的努力であるといえる．その原点は，GE 社の R. D. マイルズによる VA（価値分析；value analysis）にあり，製品やそれを構成する部品の価値は，

　　　　価値＝機能（効用）/コスト

という考え方に基づく．製品や部品の価値は下げずに，コストを下げることを目標にし，そのために次のステップが踏まれる．

1. 機能定義：　　　①それは何か，②その働きは何か
2. 機能評価：　　　③そのコストは，④その価値はどうか

3. 代替案の作成： ⑤他に同じ働きをするものはないか，⑥そのコストはいくらか，⑦それは必要な機能を確実に果たすか

このような問いかけを，ブレーンストーミングやチェックリストを作成しながら行うことによって，コストダウンを実現するアイディアが創出されていく．

■TPM

一方，現場レベルでの究極のコスト削減を目指す組織的改善活動にわが国で生まれ，現在では世界のベストプラクティス企業で実践されているTPM（total productive maintenance：トータル・プロダクティブ・メンテナンス）がある．TPMは，事後保全（breakdown maintenance）から予防保全（preventive maintenance）の取り組みに代表される設備管理からはじまったが，現在では生産効率の極大化を目指す取り組みとして知られている．その基本は，(1) 原理・原則に基づくあるべき姿と現状との比較からのロスの顕在化，(2) 摘出されたロスを排除するための改善努力，(3) それを組織，個人で行うためのしかけと人材育成，にある．

目で見る管理の原点である5S（整理，整頓，清掃，清潔，躾）にはじまり，TPM活動の典型例としては，①自主保全，②個別改善，③計画保全，④品質保全，⑤初期管理（源流管理），⑥管理・間接効率化，⑦教育訓練，⑧安全衛生からなる8本柱（eight pillars）がある．柱ごとに定量化された目標を掲げて，部門横断的な専門部会と，重複小集団と呼ばれるトップからオペレータまで全員が参加する階層別グループ職制が構成され，目標達成のための活動が駆動される．この中の自主保全は，一種のオペレータのエンパワーメントであり，初期清掃に始まり，途中総点検と呼ばれる設備構造や加工原理の理論教育を挟んだ7ステップ展開による改善能力育成が知られている．

8本柱の中で組織的コスト改善を担うのが個別改善である．組織のおかれた状況に応じて，あるべき姿と現状の乖離である設備や人，そしてマネジメントに関するロス（losses）が，表5.2に示すように，たとえば15大ロスというように発掘される．この図において2005年のBMはベースラインにおけるロスであり，その横に2008年の目標値が示されている．そしてそれを金額換算することによってコスト改善目標が設定される．ロスに応じて部門横断的なプロジェクトチームが組織化され，組織的改善活動が実行される．

表5.2 TPMにおける組織的コストダウン活動（ロス-コストツリー）

		ロス項目・指標		05年BM	08年目標	ロス排除コストダウン目標（百万円）
一人当生産性1.5倍	1	故障	故障件数（指数）	1	1/20	設備
設備総合効率90%以上	2	段取調整	時間稼働率（％）	78.8	92.5	
	3	チョコ停	チョコ停件数（指数）	1	1/20	
設備故障件数1/20以下	4	速度低下	性能稼働率（％）	80.4	99.5	324
	5	工程不良				不良
	6	立上り	良品率（％）	92.0	99.2	85
不良率1/10以下		設備総合効率（％）		58.3	91.3	
	7	作業	組立作業生産性（指数）	1	1.5	171
	8	在庫	在庫月数（月）	1.56	0.60	107
クレーム件数1/10以下	9	外注	加工賃低減，内製化			304
	10	管理	事務の効率化とIT活用業務フロー革新			378
納期遵守率100%	11	設計	MP設計，DFM設計，コンカレント化			195
	12	物流	積載効率改善とルート変更			103
	13	原単位	エネルギー節約，歩留まり向上			97
災害件数ゼロ	14	クレーム	品質保全強化（指数）	1	1/10	50
	15	納期	納期遵守率	95%	100%	32
		15大ロス総計				1846

Column 5.2

設備稼働率と設備総合効率

　TPMは，TQCと同様にオペレーションズ・マネジメント上，多くの新しい考え方や用語を生み出し，それが世界で通用する言葉となっている．5Sや自主保全（autonomous maintenance）がその例で，その中の一つに設備総合効率（OEE：overall equipment efficiency）がある．これは設備が真に付加価値を生んでいる時間（価値稼動時間）の負荷時間に対する比率で定義される．

　価値稼動時間とは，負荷時間から設備の6大ロス，すなわち故障，段取・調整，チョコ停，速度低下，不良，立上歩留ロスを除いた時間である．ここでチョコ停（minor stoppage）とは，ワークが設備に引っ掛かり設備が止まるが，それを取り除けば復元できるようなちょっとした停止である．工場で稼動している設備をよく見ると，故障はなくてもチョコ停は頻発していることが観察される．これがあると人が設備につく必要があることから，無人化や省人化の大きな阻害要因となる．

これらを除いた負荷時間に対する真に付加価値を生んでいる時間の割合が設備総合効率である．通常よく用いられる故障停止だけを除いた設備稼働率が 95% であっても，設備総合効率に換算すると 40% 程度であることが多く，これを 85% にするというような改善目標が設定される．

Column 5.3 ——

発生コストと機会コスト

TPM のコスト削減活動は，実際に発生しているコストの削減に加えて，多くは機会コストあるいは費用（opportunity cost）を対象としている．機会コストとは，ある状況で適切な対応・措置をとっていれば得られたであろう利益を，それをしなかったために失っている金額をいう．機会損失またはロス（opportunity loss）とも呼ばれる．

まずあるべき姿を描き，それと現状との乖離を調べることによって機会ロスが捉えられる．表 5.2 のロスも多くは機会ロスである．特に設備総合効率のロスについていえば，実際に発生する故障，段取・調整，チョコ停，速度低下，不良に伴う発生コストに加えて，それらの発生に伴う時間的なロス，すなわち，失った時間分で生産できたときの利益分が金額換算されるものである．

【演習問題】

5.1 図 5.1 における例題において，先入先出法を用いたときの完成品総原価の加工費を直接求め，完成品総原価から材料費を引いたものと一致することを確認せよ．

5.2 ある製品の製造において来期の利益計画を策定したい．販売・一般管理費も含めた固定費は年 1,000 で製品の販売価格は 50，そのうち変動費は 30 である．売上高利益率 10% 以上を確保するための売上目標を求めよ．

5.3 コラム 5.1 の状況で，新市場での製品 1 個当たりの価格が，いくらまでなら受注すべきであるか．

5.4 負荷時間が 1,000 時間の設備がある．この間の品種替による段取回数は 1 回当たり 45 分で 400 回である．またこの設備の MTBF（平均故障間隔）= 100 時間で，MTTR（平均修理時間）= 2 時間，そしてチョコ停時間間隔である MTBT（mean time between touch：touch は人が設備にタッチすることの意味）= 10 分で，チョコ停が起こると平均 20 秒設備は停止する．またこの間製造した部品の不良率は 5% であった．一般にいわれる設備稼働率と，OEE を求めよ．

6 生産マネジメント

　QCD の D（納期・数量：delivery），あるいはこれに生産の P（production）を加えたマネジメントのうち，本章では計画・管理面からの生産マネジメントについて述べる．そのための基本は変化に対する対応スピードを高めることであるが，プル型，プッシュ型に代表される計画・管理のあり方は，時間帯域や業態によって異なる．加えて，次章の在庫マネジメントとともに，現状の実力で最適化を図るアプローチと，現在の実力自体を高める体質強化という両面からの視点を理解していただきたい．

6.1　生産計画・管理の分類

■**生産計画：戦略・戦術・業務**

　変化の時代である今日，キャッシュフローに直結する過剰な在庫をもたない一方で売り損じを防ぐためには，オペレーションズ・マネジメント上の基礎体力，変化に対応するためのスピード，瞬発力あるいはフレキシビリティを高めることが第一である．短いリードタイムで製造する力，そして短時間で品種の切替えができ，小ロットでも効率を維持できるような体力である．このような組織力により，後述するように同じ需要を満たすのに必要な在庫量が決まってくる．

　その上で，効果的・効率的な生産計画のマネジメントは，時間帯域の違いによって図 6.1 に示すように，戦略（strategy），戦術（tactics），業務（operation）の三つのレベルに分けられ，詳細化されるという流れにしたがって策定される．年に相当する戦略レベルでは，中長期の需要予測（demand forecasting）あるいは販売計画と，原材料・部品の購買加工区分（make or buy decision）を通した必要な工場や設備，要員等の資源に関する能力計画（capacity planning）から，中長期生産計画が策定される．そしてオペレーションズ・マネジメント上で重要

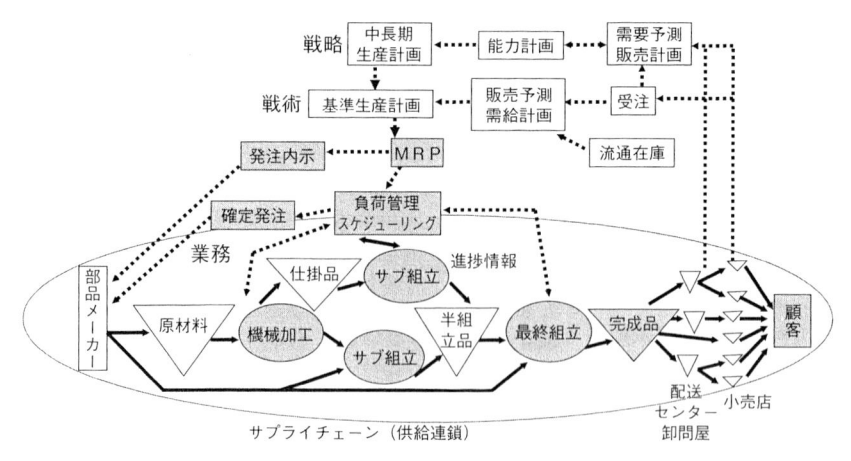

図6.1 時間帯域による生産計画・管理手法の流れ

なのが，月単位の戦術レベルの短期生産計画および日・時間・分単位のスケジューリング（scheduling）と呼ばれる計画あるいはオペレーション遂行中に進捗状況をフィードバックし管理することに相当する業務レベルの計画・管理である．

戦術・業務レベルの生産計画を策定する場合，生産や発注の計画をつくる，あるいは生産の指示を出す，注文をする，ということを，一般にオーダー（order）をつくる，オーダーを出すという．図6.1における部品メーカーや工程へ向かう矢印の点線に相当する．オーダーのつくり方は，大きく受注生産（make to order：MTO）と見込み生産（make to stock：MTS）に分けられるが，実際には同じ製品であってもこの両者の性質が混在することが多い．そこで生産計画・管理方式との区分としては，在庫（inventory, stock）をもつことを前提とするか否か，そしてプル（pull）かプッシュ（push）か，という基準であり，表6.1に両者を組み合わせた分類を示す．

表6.1 生産計画・管理方式の分類

		生産指示の基準	
		プル	プッシュ
在庫の前提	前提	在庫管理方式 （管理の簡易化）	大量見込生産 （実需による需要予測の重要性）
	否定	JIT/後補充方式 （平準化生産）	MRP/スケジューリング （需要の従属性の活用）

■ 在庫をもつことの否定

　生産だけでなく，あらゆる補充（replenishment）活動には時間を要する．すなわちリードタイム（lead time）が存在する．したがって不確実な需要を満たすためには，在庫をもって対応する方が簡単である．たとえば，在庫管理方式は，在庫をもつことを前提とし，在庫があるレベルに下がると在庫を補充するオーダーをつくる方法であり，管理の簡素化を目的として多く用いられる．一方で，本来，あらゆる川上の補充活動は，最終需要があるからこそであり，最終需要に従属して必要になる．近年の在庫削減の要請から，この需要の従属性の原点に立ち，在庫をもつことを否定して登場したのが，MRP（material requirements planning）である．なお，図6.1においてサプライチェーンすべてで需要の従属性を貫くのは困難で，どこかで在庫をもつことを前提としたデカップリングポイント（decoupling point）を設定し，最終需要と切り離す施策がとられることが多い．

　プル/プッシュ方式におけるプルとは，実際の需要・消費があり，それに喚起されてオーダーがつくられる方式で，後補充方式とも呼ばれる．その代表例がJIT（ジャストインタイム）で知られるかんばん方式である．一方，プッシュとは押し出すという意味であるが，必ずしもそうではなく，MRPに代表されるようにコンピュータ上で需要の従属性に基づきトップダウン的にオーダーがつくられる方式である．プル，プッシュのそれぞれの代表的存在であるJITとMRPは対比概念として語られることが多いが，MRPは戦術レベル，JITは業務レベルの生産計画・管理手法であり，両者を組み合わせて用いられる場合も多い．

6.2　MRP（資材所要量計画）

■ MRPの考え方

　MRPは，生産計画にコンピュータが用いられるようになって登場し，生産計画の代名詞ともなっているものである．図6.2に示すように，最終製品の期別所要量を決めるMPS（基準生産計画：master production schedule）から，需要の従属性に対応する部品の親子関係をあらわすB/M（部品構成表：bill of materials）に従って，親部品から子部品，そしてその子部品へと，トップダウン的にリードタイムを考慮して，"いつ"，"何を"，"何個"生産するかというオ

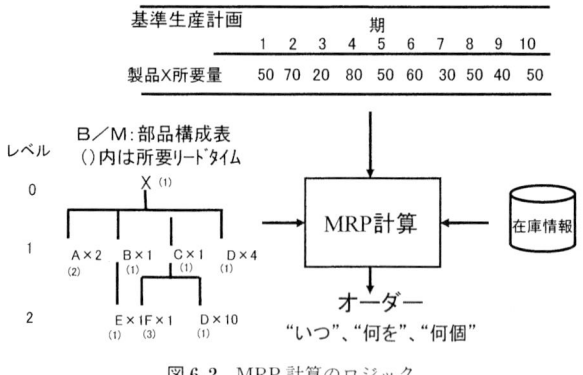

基準生産計画	期									
	1	2	3	4	5	6	7	8	9	10
製品X所要量	50	70	20	80	50	60	30	50	40	50

図6.2 MRP計算のロジック

ーダーが作成される．MPSや独立需要部品と呼ばれる直接市場へ販売する部品の所要量のみは，製品や部品のオーダーの状況や需要予測から決められる．

■モデルケース

具体的なMRP計算と呼ばれるオーダーの作成方法を，図6.2に示される例を用いて示そう．今，第8期のXの50の総所要量（gross requirement）について，Xの在庫がなければこれがそのままXの正味所要量（net requirement）となる．この正味所要量分を生産ロット（lot for lot：都度発注）とすると，Xのリードタイムは1期であるのでその子部品であるAは，X1個当たり2個必要であるから，第7期に100個が必要となる．これがAの第7期の総所要量となる．これより正味所要量は，

正味所要量＝総所要量－在庫－指示済みオーダー（発注残）

で決められる．ここで指示済みオーダー（inventory on order）とは，まだ手持ち在庫（inventory on hand）にはなっていないが，すでにオーダーが発せられ，この期に入手されることが確定している量をいう．第7期にAの在庫が30あり，指示済みオーダーは0とすれば，正味所要量は70となる．Aについても正味所要量を発注ロットとする都度発注であれば，2期のリードタイム分だけ先行させて，第5期70個というのがAの発注オーダーとなる．

このような計算をすべての計画期間（この場合10期）について，B/Mに与えられている各部品のレベルコードに従い，0からはじめて順次上述の手順を繰り返すことによって，Xおよびすべての構成部品についてオーダーがつくられる．ここでつくられるオーダーは計画オーダー（planned order）と呼ばれ，あくま

で計画上のオーダーであり，直ちに生産指示や部品メーカーに発注されるわけではない．これは現在の期0から時間的余裕のある将来の期のオーダーについては変更を許すためである．予め確定期間（たとえば4期）が定められて，その期間に入ると計画オーダーは確定オーダー（confirmed order）となり，実際の生産指示や発注がなされて指示済みオーダーとなる．

■**負荷計画**

MRPにおける期とは日，週，旬，月であり，たとえば週とすると，現在の週から翌週になるとこれが期0となり，新たな週が第10週として計画に入ってきて，再びMRP計算が行われる．このように期ごとにスケジュールが更新されることからローリングスケジュール（rolling schedule）と呼ぶ．一方，オーダーが出される工程の立場からは，同じ週内に他の多くの品種のオーダーが入る．負荷計画（loading）はオーダーによる負荷を積み上げることであり，生産能力と対比させ，負荷が能力オーバーの場合等に計画の調整を行うことを負荷管理と呼ぶ．

図6.3はそのイメージ図であり，個別のMRP計算によってつくられたオーダーを期ごとに，それらの工数を積み上げたものである．この場合第5期に負荷が能力を上回っている．残業や応援により能力を増やすか，オーバー分を余裕のある第4期に前倒しする等の処置がとられる．調整不可能であれば，MRPに差し戻し再計算ということになる．なお，同一期内の各品種の加工順序は，後述の生産スケジューリングによって決められる．

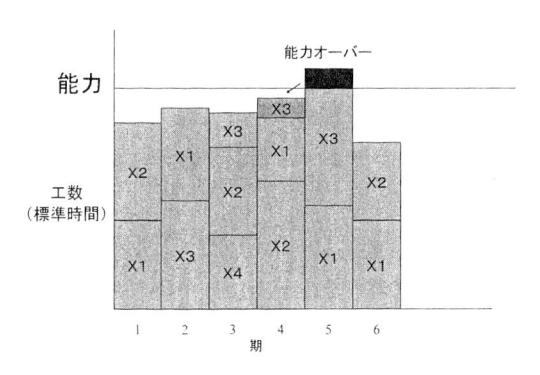

図6.3 負荷計画・管理

Column 6.1

MRP 批判と ERP

　MRP の需要の従属性による在庫の否定はあくまで期レベルである．期を週とすると，たとえば生産時間が 1 時間であってもリードタイムは 1 週間であり，その間の在庫は存在する．さらに MRP 計算のリードタイムは固定であるが，交通の例で明らかなように，一般に混雑していればリードタイムは長く，空いていればリードタイムは短い．生産でも同じで本来リードタイムは可変である．加えて，MRP はむしろ情報システムであり，次の JIT のようにリードタイム短縮というような体質強化のインセンティブが働かない．このような批判もあるが，MRP は戦術レベルの生産計画と考えれば，問題は少ない．

　一方，1970 年頃に登場した MRP は，産業界におけるコンピュータ活用の嚆矢とされる．その後 MRP の機能を拡大して，MRP (management resource planning) と呼ばれるようになる．そして現代の基幹業務パッケージである ERP (enterprise resource planning) につながるものである．

6.3　平準化生産とかんばん方式

■かんばん方式

　プル方式の代名詞ともされるかんばん方式（Kanban system）とは，必要なものを必要なときに必要だけつくるという TPS から生まれたもので，現在では広く世界に知られた JIT を構成する業務レベルの生産計画方式である．かんばん方式では，製品の最終工程だけに生産指示が与えられ，先行する川上工程やサプライヤーへの納入指示，運搬指示，生産指示の情報が，かんばんによりコントロールされる．かんばん（Kanban card）そのものは，部品ごとに発行される品番と品名，製造ライン，荷姿と収容数，発行枚数，置き場（前工程および後工程の番地）等が記載されたカードであり，部品，あるいは一定個数の部品収容箱と一対一に対応し工程間を循環する．

　図 6.4 に示すように，引き続く二つの工程間（工程とサプライヤー間）には，通常月ごとに設定された一定の枚数のかんばんが投入され，後工程で一つでも部品が加工されはじめると，その部品収容箱からかんばん（引き取りかんばん：withdrawal Kanban）がはずされ，かんばんは前工程に行く．それが後工程への運搬指示情報となり，前工程の 1 箱の完成品とともに，再び後工程に運ばれ

6.3 平準化生産とかんばん方式

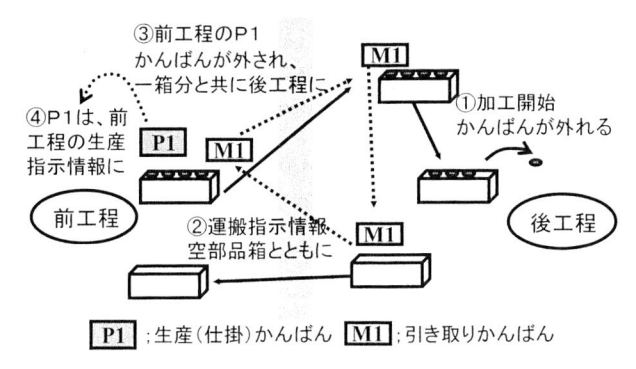

図6.4 かんばん方式におけるかんばんの動き

る．一方，前工程では，後工程からかんばんが回ってくると，完成品置き場に部品収容箱と一緒にされていたかんばん（仕掛かんばん：production Kanban）は剥がされ，それが前工程の生産指示情報となる．このように後工程で部品が消費されない限り，かんばんは循環しないために前工程での生産はされず，つくりすぎのムダ（waste）を省く役割を果たす．

隣りあう二つの工程間に投入されるかんばん枚数は，納入リードタイム，納入サイクル（前工程から後工程への運搬の間隔），そして需要に相当する月当たりの当該品種の生産量を日当たりに換算した日割生産量と，コンテナ収容数によって決められる．毎月の計画生産量，そして体質強化の観点からその投入枚数が調整される．

■平準化生産

かんばん方式より一般的なプル方式の呼称としての後補充方式は，多品種条件下での平準化生産（production leveling）という枠組みがあってはじめて意味をなすものである．平準化とは，たとえば，ある最終組立ラインで月単位の計画として，車種Aを2,000台，車種Bと車種Cをそれぞれ1,000台生産するとしよう．月の稼働日数を20日とすれば，月の計画量を20で割った100，50，50ずつA，B，Cを毎日生産するというのが日割平準化である．さらにA，B，Cの生産量は，2：1：1であるのでラインに投入するときに，ABACのサイクルで投入するというのが1個流し（one-piece flow：混流生産）と呼ばれる平準化である．このような最終製品の平準化生産のもとで，その川上への業務レベルでの発注，生産指示の微調整の役割を果たすものがかんばん方式である．

平準化できていない大きな変動を伴う需要のもとでは，多量のかんばんの投入が必要で当然在庫は増える．このようにかんばん方式によって在庫が減るのではなく，かんばん方式適用の前提とされる平準化生産によって在庫が少なくて済むのである．またかんばん 1 枚相当の部品収容数も小さくなければその分在庫も増えることから，小ロットでもコスト増にならないためにシングル段取（7.2 節参照）と呼ばれるような段取時間（setup time）が十分低減できていることも前提となる．

現在かんばんは，EDI による発注と納品情報を書き込んだ QR コード（2 次元バーコード）等におきかえられつつある．しかしながら紙のかんばんを現場でハンドリングすることで，多様な品種やその標準作業を覚えるという教育的役割ももっていて，そのような側面も無視できないところである．

Column 6.2 ──

在庫は諸悪の根源

JIT あるいはかんばん方式は無在庫方式と呼ばれることがあるが，"在庫は諸悪の根源"，すなわち在庫があると異常や弱点が隠れてしまうという考え方のもとで，在庫をまず減らし，弱点（ボトルネック）を顕在化させ，これを潰すことで常に体質強化を図ることにその本質がある．このことをあらわすアナロジーとして，図 6.5 に示すような必要水位を航行する船の例が挙げられる．

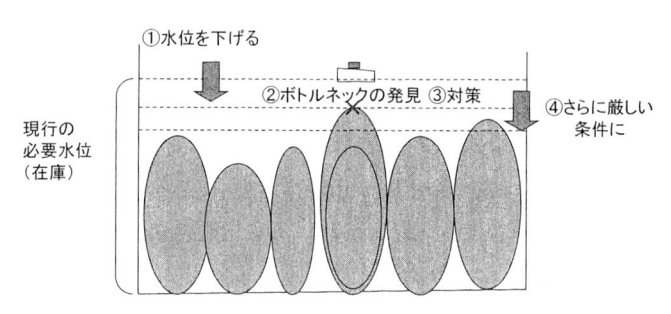

図 6.5 船の航行になぞらえた在庫削減・体質強化ロジック

航行可能な水位が在庫であり，まず水位を下げると現在の航行可能な水位を決めているボトルネックが顔を出す．そうすると直ちにこのボトルネックを削る対策という改善がなされる．次にさらに水位を下げると今度は別のボトルネックが発見されて対策がとられるというように，これを繰り返すことによって在庫が削減されるとともに，体質も強化されるというものである．かんばん方式もそのための手段で

もある．一定枚数投入されたかんばんで問題がなければ，かんばんを抜いていく．そして問題が起きれば徹底的な対策がとられる，というように運用される．

6.4 在庫管理方式

■在庫管理方式と有効在庫

　在庫をモニターし，在庫水準がある一定のレベルに下がったとき，オーダーを出す方式が在庫管理方式（inventory control system）である．統計的な考え方が導入されているため統計的在庫管理手法とも呼ばれる．もともとは生産計画・管理の簡素化の手法として考案されたが，現在では生産の場に限らず，流通の分野で広く用いられている．その際，在庫水準は，

$$\text{有効在庫}＝\text{手持在庫}＋\text{発注残}－\text{受注残}$$

で定義される有効在庫（available inventory）という測度が用いられる．これは手持在庫（inventory on hand）から，発注中であるがまだ手元にない発注残（inventory on order）をプラスし，在庫がなかったために待ってもらっている量，受注残（backlog）を引いたものである．

■発注点方式

　在庫管理方式には多くのバリエーションがあるが，在庫の調査間隔である R，有効在庫がこれを下回ればオーダーが発せられる発注点（あるいは注文点：re-order point）s，最大在庫量である補充点（replenishment point）S，発注（補充）ロットサイズ Q，オーダーを発して補充されるまでのリードタイム LT，等のパラメータを指定することによって方式が決まる．その代表的なものが，$R=0$，すなわち有効在庫を連続的にモニターし，これが発注点 s を下回ったとき Q だけのオーダーが出される発注点方式である．(s,Q) 方式とも呼ぶ．図6.6はその在庫推移の挙動を示したものである．

　有効在庫（発注残がない場合には手持在庫）が s を割ったところで Q だけのオーダー（発注）がされ，LT 後に Q だけ手持在庫（有効在庫は発注された時点）は増えている．そしてまた s を割ったところで Q だけ発注ということを繰り返す．ここで，発注点方式の発注点は，$s=LT\cdot D+k\sqrt{LT}\cdot\sigma$ によって決められる．ここで D と σ は，期当たりの需要の分布の平均および標準偏差であ

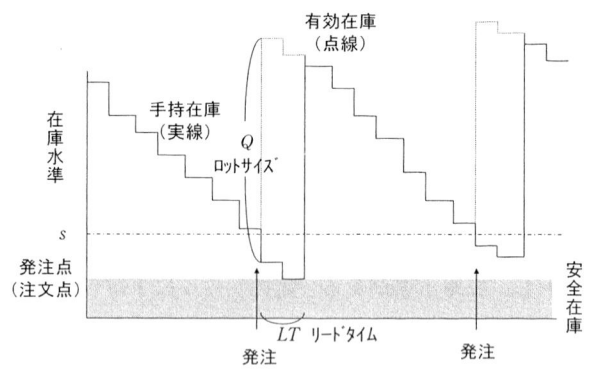

図6.6 発注点方式

り，$LT \cdot D$ がリードタイム中の需要の平均，そして $k\sqrt{LT} \cdot \sigma$ は後述の在庫理論で紹介する安全在庫量である．k は標準正規分布の上側 100α％点であり，発注中に在庫切れとなる確率（許容欠品率）α を指定することによって決まる値である．たとえば，2.5％，すなわち40回に1回程度の欠品を許すのであれば，k はだいたい2に設定すればよい（7.3節参照）．

発注点方式は，過去の需要からその平均と標準偏差を求めてパラメータ s を決めれば，在庫管理がシステム化されている現在では有効在庫が自動的に計算できることから，小売店における自動発注の方式として多く活用されている．また工場等においても，7章で示すABC分析のCアイテムや予備品の管理にも用いられる．その際には，厳密な (s, Q) 方式ではなく，その簡易法である $s = Q$ としたダブルビン方式（ビンとは容器）がよく用いられる．

二つの容器を用意し，1箱分がなくなれば（容器の最後に発注伝票を配置しておく），その分だけ発注するというものである．もし発注リードタイム中にもう1箱分も消費して欠品を起こすようであれば，1箱容器を増やしてトリプルビンにすればよい．逆にトリプルビンからスタートし，いつも1箱分未消費で残っているようであれば，1箱分を取り除いてダブルビンにする，というような運用がされる．

■ その他の方式

その他，$R = 0$ の在庫管理方式としては，有効在庫が発注点 s を下回れば，$(S - $有効在庫$)$ だけオーダーを発する (s, S) 方式（発注点補充点方式）がある．ここで補充点 S は，在庫を S まで引き上げる最大在庫量に相当している．

また R が 0 でない，すなわち R 期の間隔で定期的に在庫を調査する代表的なもので，調査時に（$S-$有効在庫）だけ補充する (R,S) 方式（定期発注方式），同様に R 期ごとに在庫調査するが，有効在庫$<s$ のときのみ（$S-$有効在庫）だけオーダーを発する (R,s,S) 方式（定期発注点補充点方式）がある．(R,s,S) 方式の場合には，発注点は，$s=(LT+R)D+k\sqrt{LT+R}\cdot\sigma$ で決められる．これは在庫の調査間隔が R であり，そのリスクを発注リードタイムに加味したものである．

6.5 生産スケジューリング

■ジョブの割り当て問題

　生産スケジューリング（production scheduling）とは，図 6.3 に示すように，ある生産工程である期に複数のオーダーがあり，その加工順序を決める業務レベルの生産計画であり，小日程計画とも呼ぶ．オーダーは，ジョブ（job）とも呼び，それぞれのジョブが何台かの機械（いくつかのオペレーション）によって完成されるとき，各機械・工程（あるいはオペレーション）へのジョブの割り当て優先順位（時刻）を決める問題である．その際，スケジューリングの良さの評価基準としては，全ジョブの完了時間最小，納期がある場合の最大納期遅れ最小等があるが，完了時間が短ければ納期遅れも少なくできることから，その基本は完了時間最小基準である．

　生産スケジューリング問題は，ジョブごとにルーティング（routing）と呼ばれる加工経路が異なるジョブショップスケジューリング（job shop scheduling）と，すべて同じフローショップスケジューリング（flow shop scheduling）に分けられる．ここでショップ（shop）とは機械・工程（以下，機械またはオペレーション）を意味する．表 6.2 にその例を示す．表中 J はジョブ，M は機械あるいはオペレーション，数字は加工時間（括弧内は加工順序）を表す．左のジョ

表 6.2 ジョブショップ問題（左）とフローショップ問題（右）の例

	M1	M2	M3	総時間		M1	M2
J1	6(1)	3(2)	2(3)	11	J1	6	3
J2	2(1)	5(3)	5(2)	12	J2	1	8
J3	3(2)	4(1)	3(3)	10	J3	4	6
					J4	5	4

ブショップの場合には，J1 は M1 → M2 → M3 の順で，J2 は M1 → M3 → M2 の順というように，ジョブによって順番が異なっている．一方フローショップの場合はすべて M1 → M2 で同じ加工順序である．

■**ディスパッチングルールとガントチャート**

　一般にスケジューリング問題は，OR でいう組み合わせ最適化問題である．中でもある時刻に複数のジョブが同じ機械に割り当て可能な状況を競合（conflict）と呼び，そこに着眼した分枝限定法（branch and bound method）が知られる．分枝限定法とは，解の探索を行う過程で実行可能な目的関数（たとえば，総完了時間）の下界（lower bound）を計算し，一番小さい下界値をもつ部分解の枝を伸ばし，下界を上回る枝を捨てることによって，探索の効率を上げながら，最適解の一つを求める方法である．しかしながら，ジョブの数や機械数が増加するといわゆる組み合わせの爆発を起こす．そこで実務的によく用いられるのが，ディスパッチングルール（dispatching rule）と呼ばれるヒューリスティクス（heuristics：経験ルール）解法である．

　ディスパッチングルールは，競合解消の優先規則である．全完了時間最小基準，納期遅れ最小基準にかかわらずよい解を与えるとされる代表的なものに，SPT（shortest processing time）と MWKR（most work remaining）がある．SPT は加工時間最小のジョブを優先するものであり，MWKR は残り加工時間最大のジョブを優先するルールである．一方，これらのルールを用いて解を求めていく過程および結果を表示するのに用いられるのが，横軸に時刻，縦軸に機械を配して，時間軸でジョブの機械への割付状況を示したガントチャート（Gantt chart）である．

■**ジョブショップのモデルケース**

　表 6.2 のジョブショップの問題を，SPT を用いて解いてみよう．まず時刻 0 の M1 で J1 と J2 の競合がおきる．加工時間の短い J2 が優先されて M1 に割り当てられる．J3 は競合がないために時刻 0 に M2 に割り当てられる．ついで J2 が完了する時刻 2 で，今度は競合がないことから，J1 を M1 へ J2 を M3 に割り付ける．このように時刻を進めながら割り付けていくと，最終的に図 6.7 のようなガントチャートが描ける．この場合には全完了時刻は 16 であり，最適解となっている．

　このようなスケジューリングの解をガントチャートに示したものは，計画に対

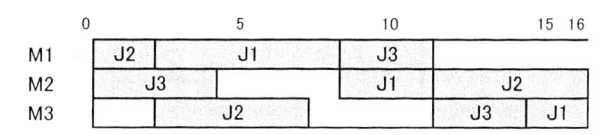

```
        0            5           10          15 16
M1  | J2 |    J1     |    J3    |
M2  |  J3   |        |  J1  |    J2    |
M3  |        J2       |          | J3 | J1 |
```

図6.7 ガントチャートとジョブショップ問題の解

する進捗管理（expediting follow up）にも広く用いられる．たとえば，時刻2に完了している J2 に遅れが出ると，そこを赤で表示してシグナルを出すというような使い方である．

Column 6.3

ジョブショップから流れ化へ

ジョブショップでいかにスケジューリングで最適化を図っても，中長期的には工程そのものをフローショップ化，すなわち流れ化することが望ましい．その実現にはルーティングについての生産技術力や，製品設計にまで遡った DFM（9.3節参照）適用の問題が係わってくる．一方で多能工の存在にも依存しており，自己完結性の高いセル生産は正にその究極である．

■**フローショップのモデルケース**

ジョブショップに対してフローショップの場合，特に機械の数が2の場合には，全完了時間を最小にするジョンソン法と呼ばれる簡単な最適解法が知られている．それは，加工時間の最小のジョブ，機械をさがし，M1 であればそのジョブを1番目に，M2 であればそのジョブを最後に割り当て，さらに残りのジョブについて同じ手順を繰り返す，というものである．機械の数が3以上であっても，加工順に機械群を二分し，ジョンソン法を適用するというようなヒューリスティクス解法としても用いられる．

ジョンソン法を表6.2のフローショップ問題に適用すると，J2 の M1 の加工時間1が最小で M1 であるので J2 を最初に，残りのジョブでは J1 の M2 が3で最小，そして M2 であるので最後に割り当てる．残った J3，J4 では最小は4であるが，J3 は M1，J4 は M2 であるので J3 → J4 となる．これより，J2 → J3 → J4 → J1 という解が得られる．

■**動的スケジューリング問題**

以上のようなスケジューリング問題は，すでにすべてのジョブが到着した状況

での優先順位を決めるもので，静的スケジューリング問題と呼ぶ．これに対して次々と到着するジョブの待ち行列からどのジョブを優先させるかの問題は，動的スケジューリング問題と呼ぶ．その際も上述のディスパッチングルールは適用できる．SPT や MWKR に加えて，先に到着したジョブを優先させる FCFS (first come first service)，逆に最後に到着したジョブを優先させる LCFS (last come first service) がある．

なお，TOC スケジューリングと呼ぶ方法は，負荷に対して能力が一番低いボトルネック工程に着眼し，そのスケジューリングを優先させ，残りの工程はそれに従属させてスケジューリングするという考え方に基づくものである（10.3 節の DBR 参照）．

6.6 プロジェクトスケジューリング

■ PERT

日々行われる生産スケジューリングとは異なり，新商品開発や建設工事のようにプロジェクトと呼ばれる特定の目的を達成するための日程計画が，プロジェクトスケジューリング (project scheduling) である．その代表的な手法が PERT (program evaluation and review techniques) である．PERT は，1950 年代に，米海軍のポラリス・ミサイル開発計画のために考案されたプロジェクトの日程の計画・管理のための手法である．

PERT を適用するためには，まず WBS (work breakdown structure) と呼ばれるプロジェクトを構成するアクティビティ（作業）と，アクティビティ間の先行順位関係，そしてそれぞれの所要日数，必要な要員（資源）を明確にする分析が必要となる．PERT に限らず一般に，WBS は業務の棚卸しとも呼ばれ，業務の現状の姿 (as-is) をトップダウン的に記述することで明確にし，そこからムダを排除し，特に ICT の導入を前提としたあるべき姿 (to-be) に改革（リエンジニアリング）するための手法，考え方でもある．

■ モデルケース

表 6.3 はソフト製品開発プロジェクトの WBS を行った結果の例である．プロジェクトを構成するアクティビティ，その必要要員数，所要期間，そしてそのアクティビティを遂行するために必要となる先行アクティビティがまとめられてい

6.6 プロジェクトスケジューリング

表6.3 ソフト開発プロジェクトを構成するアクティビティ

アクティビティ	要員数	所要期間	アクティビティ先行関係*
A：市場調査・企画	5名	3週間	A＜B,D,E
B：外部（機能）設計	4	4	A＜B＜C,F
C：ハード詳細設計	5	3	B＜C＜G
D：ハード設計外注	0	6	A＜D＜G
E：販売計画	3	6	A＜E＜J
F：ソフトモジュール設計	6	2	B＜F＜H
G：ハード試作	2	5	C,D＜G＜J
H：ソフト詳細設計	6	2	C,D,F＜H＜I
I：プログラミング	5	2	H＜I＜K
J：ハード製造	1	4	E,G＜J＜L
K：ソフトデバック，テスト	7	3	K＞G,I
L：出荷検査	3	2	L＞J,K

*：a＜b（またはb＞a）は，bはaが完了しなければ開始できない先行関係を示す．

る．この例にPERTを適用することによって，プロジェクトの完了日数を予測，遅れを生じさせないために重点管理が必要となるクリティカルパスを求め，そして必要要員の適正化を図るまでの手順を，以下に示そう．

■アローダイヤグラム

最初の手順がアローダイヤグラム（arrow diagram）の作成である．これはアクティビティの先行・後続関係をネットワークで表現したものであり，アクティビティは二つの結合点（node：ノード）間の矢印（arc：アーク）で表現される．図6.8はその完成図であり，アクティビティを表す実線の矢印には，アクティビティ名とその所要期間が記載されている．点線の矢印はダミー（dummy）と呼ばれ，実際のアクティビティではないが，先行順序関係を規定するため，二

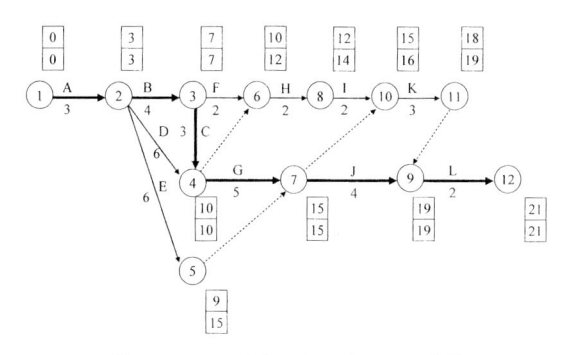

図6.8 アローダイヤグラムとPERT計算

つのノード間を結ぶ矢印のアクティビティをユニークにするため，そして開始点・終了点をひとつにするために，便宜的に導入する仮想的アクティビティであり，所要期間は0である．

■PERT 計算

そしてプロジェクト全体の完了日程と，それを決めるアクティビティの経路であるクリティカルパス（critical path）を求めるための手順が，前進計算と後退計算からなる PERT 計算である．これには図 6.8 の各ノード（結合点）に記載されている上下ペアのボックスが用いられる．

まず前進計算では，上のボックスを用いて最早結合点日程が計算，記載されていく．最早結合点日程（earliest node time）とは，結合点から出ている作業を開始できる最も早い日程である．開始の結合点の時刻0からはじめて，アクティビティの所要期間を足していくことによって求められる．ただし合流点の結合点では，それぞれのパスの一番遅い日程が最早結合点日程となる．たとえば，Aの所要期間は3でありノード②は3，そしてノード③はBの4をたして7となる．ただし次のノード⑥は合流点であり，Fからは9であるがCおよびダミーを経由する経路では10で，その遅い方10が最早結合点日程となる．この手順を繰りかえすことによって終点ノード⑫の日程は21であり，これが完了日程である．

一方，後退計算では，前進計算で求めた完了日程を遅らせないために結合点に先行するアクティビティを少なくとも完了していなければならない最遅結合点日程（latest node time）を，下のボックスで計算していく．終点の完了日程からはじめて，各アクティビティの所要期間を引き算していくことによって求められる．ただし分岐点では，それぞれのパスで計算される日程の一番早いものを選択する必要がある．終点ノード⑫の21からはじめて，ノード⑨はLの2を引いて19，ノード⑦の場合は分岐点であり，⑩からの経路では16であるが⑨からの経路では15であるので，早い方15が最遅結合点日程となる．これを開始点まで進めると開始点では必ず0となり，これで計算が完結する．

■クリティカルパス

一般に最早結合点日程≦最遅結合点日程であり，その差は余裕（slack）である．たとえばノード⑥は日程10にHを開始できるが，12に開始しても全体の完了日程には影響しない．したがって両者が等しいときそこから出ているアクテ

ィビティには余裕がない．すなわちその開始が遅れると，プロジェクトの完成日程を遅らせてしまう．したがって，これが一致しているノードを結んだ経路がクリティカルパスである．

例題の場合，図6.8のアローダイヤグラムの中で太字の矢印で示した A → B → C → G → J → L の経路である．これらのアクティビティに遅れを生じるとプロジェクト全体に影響を与えるため，その進捗の重点管理が必要となる．

PERT計算によって得られた日程に，時間軸に沿って負荷（必要要員数）の山積みをし，余裕の範囲内でアクティビティのスケジュールを調整することによって負荷を平準化することができる．表6.3の各アクティビティの必要要員数を参照し，まずクリティカルパス上のアクティビティの要員数を山積みする．残りのアクティビティについて最早結合点日程による山積みから，余裕の範囲内で平準化（スケジュールを横にずらす山崩し）した結果が図6.9である．この場合，山崩しの前の14人から，8人にプロジェクトの必要要員数が適正化されている．

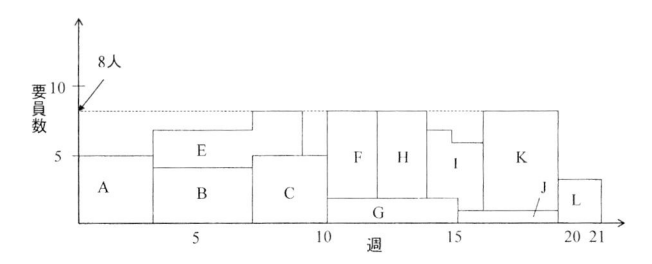

図6.9　山積み・山崩しによる要員の平準化

■ PERTの課題

プロジェクトスケジューリングの方法論としてPERTはよく知られている手法であるが，留意すべきことはアクティビティの所要期間の見積もりである．プロジェクトを担う要員は，専任ではなくマルチタスク，すなわち一人がいくつか複数のプロジェクトに係わっている場合が多い．それを考慮してアクティビティの所要期間は過大に設定されることが多い．するといくら納期を長めに設定しても納期間際にしか完了させないという学生症候群（student syndrome）と呼ばれる現象が起こる．TOCで提唱されているクリティカルチェーン（critical chain）とは，まず個々のアクティビティの所要期間から余裕を排除し，そこで求められたクリティカルパス全体に，プロジェクトバッファと呼ぶ余裕を与え，

Column 6.4 ──

PMBOK（ピンボック）

　PERTを含むプロジェクト・マネジメントの知識と実践の体系標準としてPMBOK（project management body of knowledge）があり，ピンボックと呼ばれる．プロジェクトのスコープ，WBS，スケジューリング，コスト管理から，進捗管理における品質やリスク・マネジメントを包含したものであり，発注者視点のプロジェクト・マネジメントが体系化されているものである．

【演習問題】

6.1 図6.2のMRP計算において，製品Xの期0の在庫が60，第2期首に完成予定の指示済みオーダー100，そしてXのロット編成は2期分まとめて生産するとしたとき，XのMRP計算を完成せよ．

6.2 ある部品の日割平準化による需要量は，100個/日である．かんばん1枚当たりの収容箱のサイズは10，納入サイクルは1日2回，前工程の生産リードタイムは1日としたとき，最低必要なかんばん枚数はいくらか

6.3 ある商品の過去の需要の分布を調べたところ，日当たり平均は10で標準偏差は5であった．発注リードタイムは4日として発注点方式を設計したい．発注40回中1回程度の欠品を許すとすれば，発注点をどのように設定すればよいか．また簡易法としてのダブルビン方式を用いるとすれば，容器のサイズをどのようにすればよいか．

6.4 表6.2のフローショップ問題の最適解のガントチャートを描け．

6.5 下表に示すプロジェクトについて，クリティカルパスを求め，最低必要な要員数を山積み・山崩しにより求めよ．

作業	要員数（人）	所要日数（日）	先行関係*
A	3	2	A<B,C
B	2	4	B<C
C	2	2	C<E
E	2	3	E>C
F	2	5	F<C
G	3	2	A<G<H,J
H	3	2	G<H
J	2	1	G<J<K
K	3	1	K>J

*：X<Yは，XがYに先行することを意味する．

7 在庫マネジメントと在庫削減

オペレーションズ・マネジメントの目的である，在庫をもつことなく一方で売り損じという機会損失を防ぐというある意味での矛盾を解決するためには，在庫を必要としている理由を明確にし，これをなくす努力が必要である．本章では，在庫理由に基づく適正在庫の理論と，在庫をなくすための対策について，一つの組織の視点に基づく古典的在庫理論に加えて，現在ではより大きなウェイトを占めるサプライチェーンの視点からの理論，対策について述べる．

7.1 ABC 分析と在庫理論

■ ABC 分析

在庫マネジメントという立場からの在庫の分類として，会計学上の形態（原材料，仕掛品，製品）による分類や，ABC 分析・管理（ABC analysis, control）が知られている．ABC 分析とは，在庫品目，あるいは同じ品目でもサイズや色等に違いも含めた最小単位 s. k. u.（stock keeping unit）について，まず取り扱い金額（量）の大きいものから横軸に左から右に並べ，縦軸にその品目までの累積取り扱い金額（量）を総金額（量）で割った累積％をとり，これに基づく在庫品目をA，B，Cの三つにグループ分けしたものである．図 7.1 にそのイメージ図を示す．

A品目は取り扱い金額の大きい少数の品目群で，重点管理の対象となる．一方，C品目は金額は少ないが数は多い品目群であり，できれば品目の整理や管理に手間をかけたくない品目である．20%-80% の原則（20%-80% rule）とは，一般的に 20% の品目が全体の 80% の取り扱い金額を占めるという重点管理の必要性をいうものであり，品質管理におけるパレートの原則に対応する言葉である．

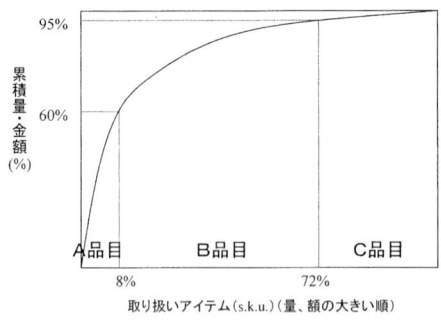

図7.1 ABC分析

■在庫理由による分類

しかしながら，現在の在庫マネジメントで重要なのは，存在を必要としている理由，在庫理由に基づく分類である．在庫理由を明確にすることで，現在の実力のもとでの適正在庫を算定できる．そして中・長期的に在庫理由をなくしていくことによって在庫を削減し，オペレーションズ・マネジメントの競争優位につながる体質強化を図ることができる．表7.1は，そのような在庫理由の立場からの在庫の分類と，それぞれ在庫削減のための着眼点をまとめたものである．

このうち①，②，③は，古典的在庫理論と呼ばれているもので，一段階，すなわち自事業場の視点での在庫に関するものである．そして④，⑤は多段階在庫理論（multi-echelon inventory theory）とも呼ばれ，サプライチェーンという視点での在庫に関するものであり，その削減のための対策は"見える化"というキーワードで代表されるICTの活用を前提とした現代的な課題である．

表7.1 在庫理由に基づく在庫の分類と削減への着眼点

在庫の種類	在庫理由	削減への着眼点
①ロットサイズ在庫	大量効果	段取コスト低減（多頻度小口配送）
②安全在庫	不確実性への対応	リードタイム短縮（バラツキ低減）
③見越在庫	予測される変動への対処	需要予測の精度化
④管理精度在庫	管理の手間	トレーサビリティの向上
⑤デカップリング在庫	需要の従属性の分断	実需情報の共有化

7.2 ロットサイズ在庫と EOQ，多サイクル化

■ロットサイズ在庫

サイクル在庫（cycle stock）とも呼ばれるロットサイズ在庫（lot size stock）は，まとめて生産すれば1回の段取りですむために低いコストで生産できる，まとめて発注・購入すれば値引きにより安く原材料を入手できる，トラック1台分をまとめて運べば輸送単価が安くなるなど，大量効果（scale merit）という在庫理由に基づく在庫である．

図7.2は，ある部品について期当たり D だけの一定の需要があるとき，Q/D 期ごとに Q 個だけまとめて部品を補充したときの在庫推移の様子を示したものである．この Q のことをロットサイズ（lot size）と呼び，そのときの期当たりの平均在庫量がロットサイズ（サイクル）在庫であり，三角形の面積を発注周期 Q/D で割ることにより，ロットサイズ在庫＝$Q/2$ となる．もしこのロットサイズ在庫を半減したければ，図7.2の下側に示すように，ロットサイズを半分にする多サイクル化をすればよい．ただし，発注，段取回数は2倍となり，発注・段取コストは2倍になってしまう．大量効果という在庫理由は1回当たりの発注・段取コスト（固定費分）である A に基づくものであり，ロットサイズ在庫を削減するためには A を下げることがその対策となる．

図7.2 在庫の推移とロットサイズ在庫

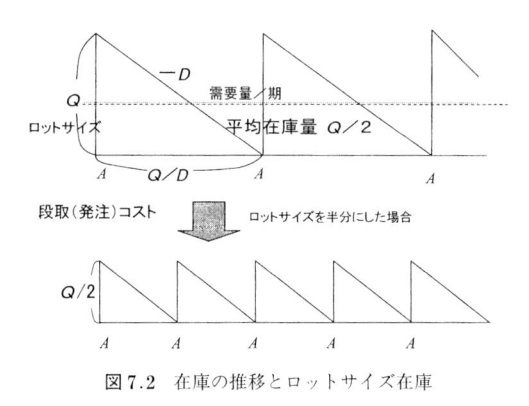

■経済発注量 EOQ

A（円/回）が与えられたもとで，期当たりの在庫（保管）コスト（inventory carrying cost）と発注（段取）コスト（ordering or set up cost）の和を最小に

EOQの概念

例題:
D=10個／月, A=1000千円／回, v=60千円／個, r=10％／年

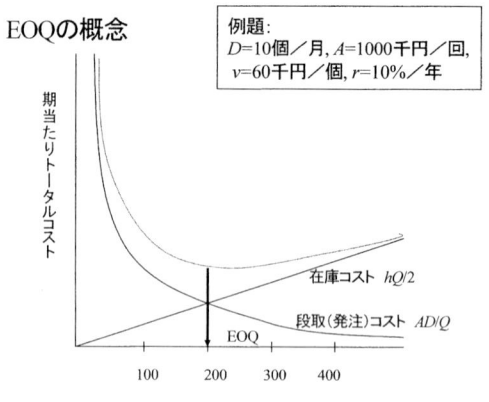

(グラフ: 期当たりトータルコスト, 在庫コスト $hQ/2$, 段取(発注)コスト AD/Q, EOQ)

図7.3 発注コスト，在庫コストとEOQの関係

する古典的なロットサイズの決定法として，EOQ (economic order quantity, 経済発注量) が知られている．平均在庫量は $Q/2$ で，1個のものを1期だけ在庫としてもつコストを h (円/個・期) とすると，期当たりの在庫コストは $hQ/2$ となる．一方，発注は Q/D 期に1回行われるため，期当たりの発注コストは，A を発注周期で割った AD/Q で与えられる．したがって期当たり総コスト T は，$T=hQ/2+AD/Q$ で与えられる．T を最小にする Q を求めるためには，Q で微分して0とおいたものを Q について解けばよい．すなわちEOQ=$\sqrt{2AD/h}$ によって与えられる．これは，EOQ/$D=\sqrt{2A/hD}$ 期ごとに，発注あるいは生産をするということにも対応し，定期発注の時間間隔を決めるのに使われる（図7.3参照）．

Column 7.1

在庫コスト

在庫コストとは何であろうか．在庫に関連したコストは倉庫代や関連の人件費など実際に発生するコストも考えられるが，それよりも重要な概念は機会損失である．在庫のままではそこに投資した運転資本（3章参照）は価値を生まず，他に投資したときに得られたであろう利益である機会損失が生じる．その利益とは投資した資金の調達コスト（資本コスト）以上は期待されることから，機会損失はこの資本コスト，すなわち金利に相当する負債（税金控除後）コストと配当に相当する株式コストの加重平均である3章で紹介したWACC（加重平均資本コスト）として，理論的には算定される．これに在庫として保有することによる商品自体の価値が減

じる陳腐化（obsolescence）を考慮する必要がある．

以上のことから，在庫とする商品（部品）の価値を v（円/個）とし，h（円/個・期）を1個1期当たり在庫コスト $h=vr$ とすると，r（円/円・期）を決めることによって算定される．そして，単位として金利に相当する r は，上述の（資本コスト＋陳腐化＋発生コスト）から求められることになる．しかしながら，実際にはこれらを厳密に算定するよりも，最低金利以上，そして陳腐化等を考慮した在庫をもつことのリスクを加味して戦略的に決められることが多い．

たとえば，需要 $D=10$（個/月），発注（段取）コスト $A=1,000$（千円/回），1個当たりの製品の価値 $v=60$（千円/個），年金利（リスクを加味してある）$r=10\%$/年としたときのEOQを求めてみよう．製品1個を1カ月在庫としてもつときの在庫コストは，$h=60\cdot 0.1/12=0.5$（千円/月・個）で，これらをEOQの式に代入することで，EOQ $=200$ 個が求まり，そのときの総コスト T は，在庫コストと発注コストがそれぞれ50で等しくなる100千円/月である．そしてEOQを D で割ると20であり，20期に1回の割合で発注・生産をすると最適であることを意味する．

■**発注コスト低減努力と多サイクル化**

EOQは，現在の実力，すなわちあくまで A が与えられたもとでの自分の組織・部門からみた最適解である．加えて，図7.2の総コストの曲線は大変なだらかである．EOQでなくてもロットサイズを100から300あたりに変化させても総コストの変化は少ない．これに対して，章末の問題7.1にあるように A を半減させれば，総コストはドラスティックに削減される．「変化の時代」に多サイクル化，小ロット化を推進し，ロットサイズ在庫を削減するためには，生産では A の原因である段取時間（setup or changeover time）の短縮，物流では混載化（consolidation）等による発注コスト低減の対策が不可欠である．

一般に，わが国製造業では，段取時間短縮の目標としてシングル段取を目指す活動が常に生起されていた．これはもともと自動車のプレスの金型交換に10時間も要してきたものを10分以内にするという改善活動に端を発し（シングル段取の英訳は，SMDC（single minute die change）という言葉が用いられる），現在ではあらゆる業種で段取時間短縮の目標となっている．図7.4に示すように，シングル段取化に向かっては，まず現状の段取時間中，外段取化（outside exchange）と呼ばれる前の品種を製造しているときにできる作業を抜き出し，

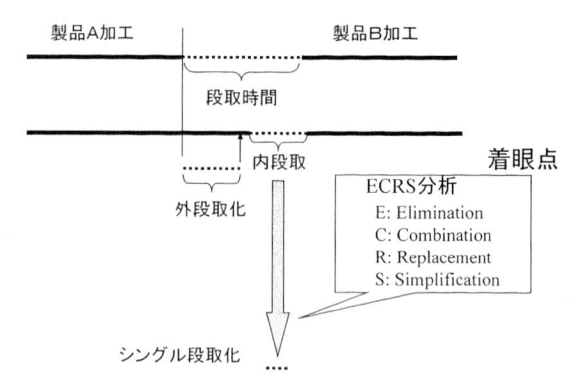

図7.4 多サイクル化のための方策（1）：シングル段取（10分以内）へのアプローチ

残ったラインや設備を止めて行う内段取（inside exchange）作業について，IE的な改善アプローチがとられる．そのときの着眼点が内段取を構成する要素作業について，削除（elimination），結合（combination），代替（replacement），単純化（simplification）の頭文字を取ったECRS分析である．

一方，物流における混載化による多頻度小口配送（small lot and high frequent delivery）のためには，小口の貨物を巡回し混載することによって積載効率を維持する巡回混載（ミルクラン方式）や，配送先の中間に配送センターを配置し，そこで配送先ごとに品揃え混載化して配送する集荷混載（クロスドッキング方式）の方法がある（図7.5）．

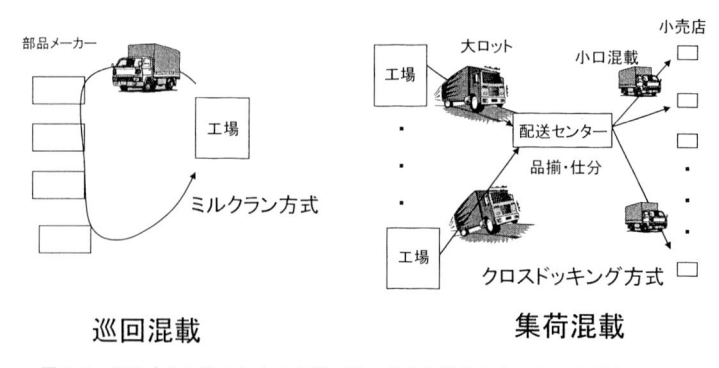

図7.5 多サイクル化のための方策（2）：効率を維持しながらの多頻度小口配送

Column 7.2 ──

EOQ 信奉と EOQ 批判

わが国と比べて欧米では依然 EOQ の信奉者は多い．それでも製造業の空洞化現象が問題になり出した 1980 年代前半に米国で，EOQ 批判なるものが製造業だけでなく経済界でも話題となった．「うちの工場は EOQ に従い生産している．だからコスト最小だから問題はない」という式の EOQ 信奉に対する批判である．ちょうど，わが国製造業が米国の市場を席巻し出した頃であり，日本は EOQ の代わりに，シングル段取とか段取コストを減らす体質強化に注力していたことに着目したものである．中長期的には体質強化による競争力を培う方がはるかに強いことの教訓である．さらに次章で取り上げる SCM も，自組織のみの部分最適化という EOQ 批判の観点や反省に端を発するといっても過言ではない．

7.3 安 全 在 庫

■安全在庫とは

安全在庫（safety stock）とは，需要変動（demand fluctuation）等コントロールできない不確実性（uncertainty）というリスク対応の在庫理由に伴う在庫である．たとえば，小売店においてある品目の需要が，毎日少ないときには 5，多いときには 15 であるとき，平均需要分だけの在庫しかもっていなければ，確率 1/2 で品切れを起こす．最大の需要にあわせて 15 の在庫をもっていれば，品切れを起こすことはない．この 15 と平均需要 10 との差 5 が安全在庫である．しかしながらこの説明は正確ではなく，小売店がこの品目を補充するリードタイムという要因も絡めて考える必要がある．瞬間的に，すなわちリードタイム 0 で入手できるのであれば，そもそも在庫など必要としない．安全在庫 5 というのは補充リードタイムが 1 日という前提のもとで正しい．

今，ある品目の期あたり需要が平均 D で標準偏差 σ で，この品目の補充リードタイムを LT としよう．すると期あたり需要を LT だけ足した LT 中の需要はどのようになるであろうか．図 7.6 に示すように平均は $LT \cdot D$ である．そして標準偏差は足し算できないが，その 2 乗である分散は，分散の加法性と呼ばれて足し算でき，$LT \cdot \sigma^2$ となる．したがってその平方根である標準偏差は $\sqrt{LT} \cdot \sigma$ となる．すなわち，LT 中の需要の分布は，平均が $LT \cdot D$，標準偏差

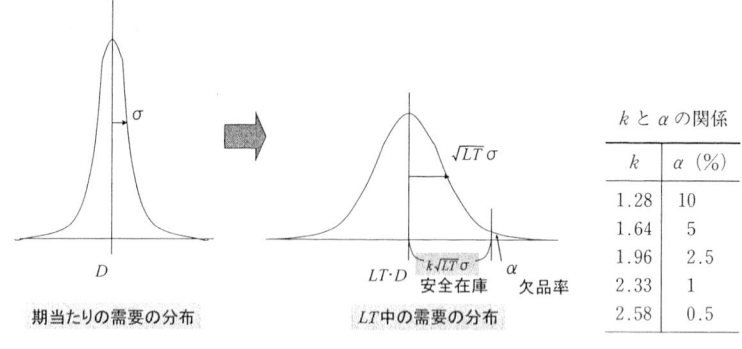

図7.6 安全在庫の考え方

k	α (%)
1.28	10
1.64	5
1.96	2.5
2.33	1
2.58	0.5

kとαの関係

期当たりの需要の分布 / LT中の需要の分布 / $LT \cdot D$ / $k\sqrt{LT}\sigma$ 安全在庫 / 欠品率

は$\sqrt{LT}\cdot\sigma$となる．都合のいいことに，もとの分布はどんな形であってもその足し算の分布は正規分布に近づくことが知られている．そして正規分布の場合，平均から標準偏差のk倍以上の確率（probability）αは，kによって一意に決まる．

■**安全在庫の式：平方根の法則**

以上の説明から安全在庫を，図7.4のLT中の需要の分布の平均から標準偏差のk倍のところ，

$$安全在庫 = k\sqrt{LT}\cdot\sigma$$

とすれば，安全係数（safety factor）と呼ばれるkによって，安全在庫を超えてLT中の需要がある確率αは決まる．逆にいえば1回の発注あたりの許容される欠品（品切れ）率（shortage ratio）α，またはサービス水準（service level）$(1-\alpha)$を指定することによって決まってくる．すなわち，一定のαのもとで安全在庫は，補充リードタイムLTの平方根（これより平方根の法則と呼ばれることがある）と需要の不確実性の大きさをあらわす標準偏差σの積に比例して必要となってくる．

図7.6の右側に示すkとαとの関係は，一般には標準正規分布表を用いればよい．6.4節で述べたように，発注40回当たり1回程度の欠品を許すのであれば，$\alpha=2.5\%$で厳密には1.96であるが，簡便には2という数字が用いられる．たとえば，過去の日々の需要の分布から，標準偏差が9で補充リードタイムが4日であったとき，許容欠品率2.5%の場合，安全在庫は36と計算される．αまたはkをどのような値に設定するかは顧客との関係で決まり，100万分の1とい

うppmオーダーでしか欠品が許されないのであれば，4.2節の工程能力のところで述べたように$k=5$というような設定が必要となる．

さて，安全在庫そのものを削減するためには，どのような対策が必要であろうか．需要の不確実性はコントロールできないとなれば，自組織で対応できる最も本質的対策は，補充リードタイムを短縮することである．リードタイムが半減できれば安全在庫は$1/\sqrt{2}$だけ削減できる．しかしながら，顧客との情報共有や連携ができ，σ自体が削減できればそれに越したことはなく，それが次章で取り上げるSCMである．

Column 7.3

新聞売り子問題

需要リスクに対してコスト面からの在庫量を決める在庫理論に，新聞売り子問題(newsboy problem)がある．朝，駅頭で新聞売りをする少年が何部の新聞を仕入れたら利益が最大になるか，ということになぞらえた名前が与えられている．例を用いて紹介しよう．ある製品の過去200日間の需要の分布を調査すると，最小17で最大30，その頻度は表7.2のようであった．製品の売価は1個当たり100円，仕入れ価格は$h=60$円で，利益$p=40$円である．もしs個だけ仕入れたとすると，需要iがsを下回れば売れ残りの$(s-i)h$だけ損が生じ，上回れば$(i-s)p$の利益の機会損失を蒙る．利益を最大にする在庫量はいくらにすればよいか，というのが新聞売り子問題である．

表7.2 需要の分布

需要量	頻度	f_i	$F(i)$	需要量	頻度	f_i	$F(i)$
17	2	0.010	0.010	24	9	0.045	0.960
18	9	0.045	0.055	25	4	0.020	0.980
19	31	0.155	0.210	26	2	0.010	0.990
20	49	0.245	0.455	27	0	0.000	0.990
21	50	0.250	0.705	28	1	0.005	0.995
22	27	0.135	0.840	29	0	0.000	0.995
23	15	0.075	0.915	30	1	0.005	1.000

新聞売り子問題の正解は，$F(s) \geq p/(p+h)$を満足する最小のsである．ここで$F(i)$は，需要の分布関数(distribution function)，すなわち需要がi以下である累積確率であり，表7.2には需要がiである確率f_iとともに計算されている．

この場合，$p/(p+h)=40/(40+60)=0.4$で，表から$F(s)$が0.4を超える最小のsは20であり，利益を最大にする在庫量20というのが正解である．

今，利益の最大化という説明をしたが，pを品切れコスト(shortage or underage cost)，h を売れ残りコスト（overage cost）とし，これらのコストの和を最小化する問題ともいいかえることができる．直感的にいえば，p と h がわかれば $100p/(p+h)\%$ の需要を満たすような在庫量が，利益の面でもコストの面でも最適ということである．頭の良い新聞少年の場合，曜日やその日の天候，前の日の事件から，それぞれにケースに応じた $F(i)$ を思い浮かべ，$100p/(p+h)\%$ の需要を満たす s だけ新聞を仕入れたに違いない．

7.4 見越在庫

■見越在庫とは

見越在庫（anticipation stock）とは，あらかじめ予測される需要の変動があり，生産や原料の入手に能力制限がある，あるいは平準化や稼働率を維持するために負荷を一定に保ちコストを抑えたい，この種の問題に対処するために必要となる在庫である．その他，需要は一定であっても定期補修があるとか，ストライキがある，品質上の歩留まり低下が見越されるといった場合に，その分だけつくりためるということで生じる在庫である．

■季節変動

オペレーションズ・マネジメント上で特に重要なあらかじめ予測される変動が，季節変動（seasonal fluctuation）である．季節変動に伴う見越在庫をなるべく必要最小限に維持するためには，曜日や月，季節による変動パターンを需要予測の方法論によって分析しておく必要がある．図 7.7 の左に示すような時系列

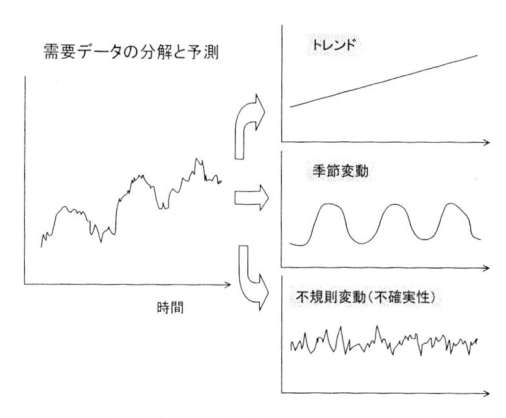

図 7.7　需要予測：予測可能なトレンド，季節変動の分離

データ (time series data) から，トレンド，不規則変動と分離し，季節変動パターンを抽出することである．本来，安全在庫の計算には，不規則変動から計算される標準偏差が用いられるべきで，左側の生データに基づく標準偏差から設定すると過剰な在庫を抱えることになる．

Column 7.4 ──

需要予測の方法論と限界

時系列データから不規則変動を取り除く需要予測の方法論として，移動平均モデル (moving average) や指数平滑モデル (exponential smoothing：加重移動平均) が知られている．また季節指数と呼ばれる季節変動パターンの抽出には，連鎖比率法やセンサス局法がある．さらにこれらを包含した時系列データの分析モデルとして，ARIMA (auto-regression integral moving average) モデルがある．最近のSCMソフトは，図7.7で示したようなトレンド，季節変動，不規則変動に分解して需要予測を行う機能をもっている．しかしながら，ベースとなる時系列データは過去のものであり，未来情報の予測である需要予測はなかなか当たらない．そこで質的なものであっても未来情報の予測を加えることが鍵となる．少なくともBtoBの場面では，たとえばカテゴリー・マネジメント (category management：商品カテゴリー単位で製造と小売がPOS情報を共有しながら，売上高や利益の最大化を図るべき店頭の棚割を行うことによる販売戦略の共同化) のような取り組みに基づく未来情報共有型ビジネスモデルが必要となってくる．

季節変動への第一の対応策としては，生産やサービスを提供する資源側の能力の変動費化である．生産や物流・販売等の人的資源でいえば，雇用制度の制約の中でパートタイマー等の非正規社員を有効かつ適正に活用することである．輸送資源でいえば，自家用から営業トラックの活用であり，近年，営自率は飛躍的に高まっている．これは地球環境問題の観点からも望ましい．

第二の対応策は，異なる需要パターンの品種を組み合わせた生産設備の切り替えである．たとえば，家電製品でみられる生産の形態である．ファンヒーターと扇風機など，需要のパターンが正反対の冬物と夏物の生産を同一の工場で，秋から初冬にかけては冬物を生産し，春から初夏にかけては夏物を生産するというように，生産を切り替えることによって，生産能力を高め，しかも稼働率を下げないという方法がとられている．このようなやり方は，炭と氷は同じ店舗で扱ったというように昔からある知恵である．

そして最後は，変動そのものをキャンペーンやマーケティング戦略により平準

化することである．その代表例がチョコレートのバレンタインデーの戦略である．毎年需要が落ち込む停滞期にキャンペーン的な施策や価格操作，催しを設定することによって季節変動を軽減する方策である．

7.5 管理精度在庫

■管理精度在庫とは

　ここからは自組織の在庫だけではなく，サプライチェーン全体を俯瞰してはじめて見えてくる在庫を扱う．図7.8は，製販サイクルのリードタイムの構成要素の典型例を示したものである．生産や輸送といった物の流れの過程の中で，実際に物が加工されたりして付加価値を生んでいる時間は驚くほどわずかであることが多い．後は，"待っている"，"止まっている"か，場合によっては"迷子になっている"時間である．このような部品や製品在庫のトレーサビリティ（traceability）能力に起因して必要となってくる在庫が，管理精度在庫（management accuracy stock）である．

■補充サイクルとリードタイム

　一口にリードタイムといっても，待っている時間は主に補充活動自体にかかる時間ではなく，補充活動の頻度，すなわちサイクルに係わってくる問題に起因している．たとえば，ある品種の正味の加工時間（輸送時間）は半日としよう．し

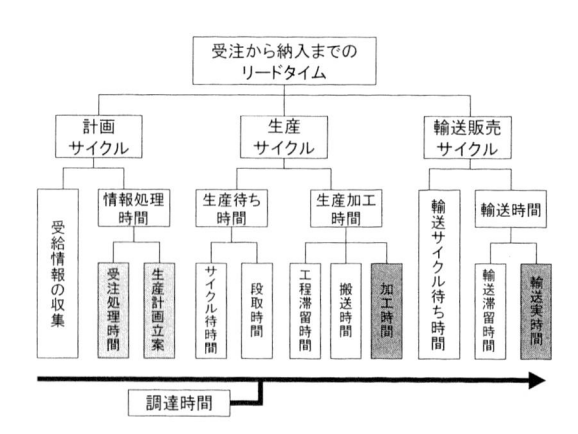

図7.8　製販サイクルのリードタイム構成要素
生産（顧客）リードタイム中，付加価値を生んでいる時間はごく一部，大部分は"待っている時間"，"止まっている時間"．

かしながら全品種の生産（輸送）サイクルが1カ月であれば，その品種の生産（輸送）チャンスは1カ月に1回しかないために，たとえ納期が月末であっても月はじめに生産されれば1カ月在庫として待っていることになる．顧客から見ればリードタイムは半日ではなく，この生産（輸送）サイクルで決まる1カ月である．この種の在庫を減らすためには，根本的な解決はロットサイズ在庫と同じく多サイクル化しかない．さらに工程間の負荷や能力のアンバランスを解消する負荷管理や能力管理，そして調達部品の納入のタイミングや同期化をはかるなど管理精度を向上することが，待っている時間を短縮する方策になる．

■ **トレーサビリティ**

一方，物の流れが複雑な場合，また物流そのものがグローバルなサプライチェーンに依存している現在では，生産や物流といった補充活動自体のリードタイム中，"止まっている時間"，"迷子になっている時間"による管理精度在庫の存在は非常に大きい．

この種の在庫を許す理由として，異なる組織間のサプライチェーンにわたる物の動きに加えて，生産や輸送につきものの変更やトラブルが挙げられる．このような状況で，実際の生産や物の流れの状況をモニターし対処する，トレーサビリティに関する管理能力の限界があったことが挙げられる．

しかしながら，このトレーサビリティや見える化の手段としてのバーコード（one dimensional symbol），より高密度の情報を書き込める2次元バーコード（two dimensional symbol），そして離れた距離で読み書きができ繰り返し使用可能なRFID（radio frequency identification）あるいはICタグ（IC or electronic tag）等の総称であるAIDC（automatic identification data capture）技術と，その活用の低コスト化によって，この種の在庫の必要理由も急速になくなりつつある．さらに在庫削減やリードタイム短縮ということだけでなく，特に国際物流では，2001年の9・11同時多発テロを契機にセキュリティ（security）面から，また最近では食の安全・安心や，有害物質の製品への使用の規制から，品質保証の面からも部品，製品，貨物のトレーサビリティ確保の重要性が高まっている（コラム8.1参照）．

Column 7.5 ——

IC タグとソースマーキング

　グローバルな物流のトレーサビリティの手段として活用が期待される IC タグであるが，それが機能するためには，使用周波数（air interface）の標準化とそこに書き込む企業コード（ライセンスナンバー）等のワンナンバー化，すなわちユニークナンバー（unique number：世界どこでも識別可能）を実現する必要がある．これらの国際標準化も進み，周波数としては，個品，ケース，パレット等では数 m まで交信が可能な UHF 帯（わが国では 950 MHz），そしてコンテナ等には数十 m まで交信可能な 433 MHz となっている．ソースマーキング（source marking），すなわち工場の出荷の段階でタグが取り付けられ，それが物流だけでなく，在庫や品質保証のためのトレーサビリティ確保，そして製品の使用履歴やリサイクルまで製品ライフサイクルにわたり活用されれば，その効果は著しく大きい．

7.6　デカップリング在庫

■**デカップリング在庫とは**

　デカップリング在庫（decoupling stock）とは，1.2 節で述べた需要情報が組織の壁により伝言ゲーム的に伝播するときに起こるブルウィップ効果に伴う在庫である（デカップリングは引き離すという意味）．デカップリング在庫は，異なる組織間で情報を共有化して維持・管理するための労力やコストを補償するための在庫であり，目に見えない分だけ見逃されやすいが，社会システムやサプライチェーン全体を見渡した観点からは非常に大きな部分を占める在庫である．

　デカップリング在庫の大きさの数値例を示そう．このことを具体的に示すために，図 7.9 に示すような段階 1（小売店），段階 2（メーカー）の 2 段階からなるサプライチェーンを考えよう．三つのタイプが示してあるが，σ は最終需要の変動（標準偏差）の大きさ，段階 1，2 の補充ロットサイズ（Q_1，Q_2），補充リードタイム（LT_1，LT_2）等の条件は共通である．独立型（伝言ゲーム型）では，メーカーは小売店からの注文は受けるが，小売店の実需，在庫情報はわからない．一方，情報共有型，統合型ではこれを共有する．両者の違いは，情報共有型では小売店側が発注の意思決定を行うが，統合型では情報共有によりいつ小売店への補充が必要かわかるため，小売店の発注権をメーカーに統合あるいは委託し

7.6 デカップリング在庫

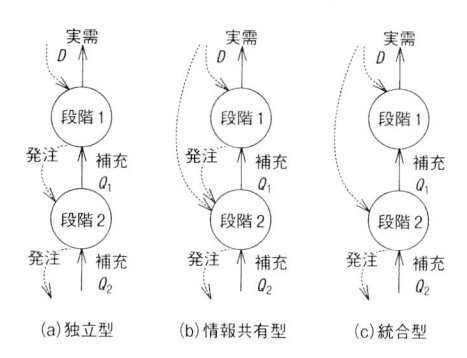

図 7.9 デカップリング在庫の数値例
$D=10/$期, $\sigma=5$, $Q_1=100$, $Q_2=200$, $LT_1=1$ 期, $LT_2=4$ 期, $\alpha=2.5\%$.

た場合である.

いずれの段階でも補充の意思決定は，6.4節にある発注点方式を用い，情報共有型と統合型の段階2のメーカーでは，在庫を図る尺度として，自分の手持ちの在庫ではなく，実需情報に基づく後述のエシェロン在庫を用いるとしよう．このようなモデルのもとに，小売店のサービス水準 $(1-\alpha)$ を 97.5% にしたとき，サプライチェーン全体で必要となる在庫量を求めると，独立型 280，情報共有型 140，統合型 133 となる．

独立型と情報共有型の差 140 がデカップリング在庫である．この場合，独立型の必要在庫の約半分を占めている．このように実需情報を共有することによって，半分の必要在庫で済むことがわかる．統合型にするとさらに若干の削減が見られるが，その差は本質的でなく情報を共有化することによってデカップリング在庫を排除できる．

今や POS（points of sales）情報等の販売時点管理のシステム化が進み，一方でインターネットや EDI（electronic data interchange：電子データ交換）の普及により，手段の立場からは容易に情報共有が可能であり，デカップリング在庫をなくすことができるはずである．しかしながら，実際には8章で取り上げるサプライチェーン間の組織制約によって，理論上は簡単であっても現実は難しい．

■エシェロン在庫

最後に究極の在庫管理の概念として，上述の数値例で用いたエシェロン在庫（echelon stock）を紹介しよう．エシェロンとは，段階という意味である．あ

る段階の在庫点のエシェロン在庫は，当該の段階の手持在庫と，その段階を通過し輸送中を含めた川下のシステムにある在庫すべてを指す．

図7.10の例では，工場段階のエシェロン在庫は，工場の手持在庫50にそれよりも川下すべての在庫を加えて，50＋10＋30＋5＋7＋5＝107と計算される．同様に配送センターのエシェロン在庫は，30＋5＋7＋5＝47である．もし，ある時点で小売店で2の需要があれば，その分だけシステムから出ていくことになり，工場，配送センターそれぞれのエシェロン在庫は105，45に変化する．

このようにエシェロン在庫を把握することは，自分よりも川下の在庫の情報と，最終需要との情報を逐次把握することに相当し，完全に"見える化"ができている状況に相当する．デカップリング在庫削減に大きく寄与するだけでなく，トレーサビリティも確保されていることで，在庫マネジメントだけでなく，変化対応のための究極のオペレーションズ・マネジメントを可能にする．

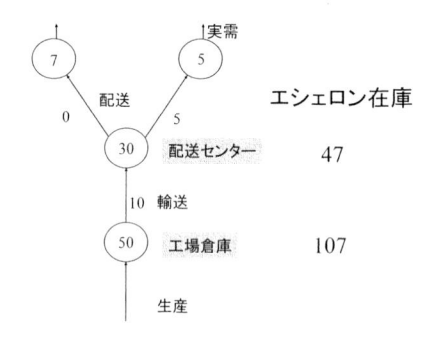

図7.10 エシェロン在庫の概念と数値例
定義：自分の手持在庫＋自分を通過してまだシステムにある在庫の総計．

【演習問題】

7.1 図7.3の数値例において，段取作業の改善により時間を半減し，$A=1{,}000$千円/回から$A=500$千円/回というように段取コストを半分に削減できたとしよう．そのときのEOQを求め，総コストを改善前と比較せよ．

7.2 ある製品Aの生産リードタイムは4日で，そのロットサイズは200個である．一方，製品の日当たり需要の分布を調べると平均は1日25で，需要の不確実性である分散は64であった．需要に対する欠品率が約2.5％（生産1回当たり欠品の起こる割合）に対応する安全係数kを2としたとき，以下の問に答えよ．

1) ロットサイズ在庫，および必要な安全在庫はいくらか．
2) 生産の意思決定に発注点方式を用いるとすれば，発注点はいくらか．定期発注をするとすれば，何期ごとの発注になるか．
3) 安全在庫を減らすためには，どのような対策が必要か．
4) ロットサイズ在庫を削減するために，(a) 多サイクル化，(b) シングル段取化，(c) 平準化生産，を検討することにした．何をどうすればよいか．

7.3 季節変動について，1日の中の時間レベル，週内の曜日レベル，月内の旬レベル，文字どおり年間の季節レベルで，その存在の例を挙げて対策を述べよ．

7.4 管理精度在庫やデカップリング在庫の削減について，その手段としてのICTの活用例をそれぞれ挙げよ．しかしながら，折角ICTを導入しながら，それがうまく機能しない場合も多い．その原因はどのようなものが考えられるか．

8　サプライチェーン・マネジメント

　これまで述べてきたQCDおよび在庫のマネジメントの総仕上げが，サプライチェーンオペレーションおよび新商品開発オペレーションのマネジメントである．本章では，調達，製造から物流，販売までのサプライチェーン・マネジメント（supply chain management：SCM）について，その理論と実際のSCM形成を阻害する一番の問題である組織制約について述べる．そしてその組織制約を打ち破るひとつのツールとしてスコアカードを紹介する．

8.1　SCMの役割と形態

■ SCMの登場

　サプライチェーンという言葉は，わが国の自動車産業におけるサプライヤー（supplier）である部品メーカーと組立メーカーの長期的関係のもとでの，部品供給の連鎖や新製品開発活動のオーバーラップについて，系列批判の一方でその組織連携・学習モデルの強みを，米国がベンチマークすることによって生まれたものである．そして1990年代後半にこれに米国流にICTで武装することによって生まれた供給連鎖のビジネスモデルがSCMである．

■ SCMの形態

　まず加工食品業界のECR（efficient consumer response），アパレル業界のQR（quick response）という概念が出現した．顧客や市場の変化に，小売とメーカー間でICTによる情報共有によって迅速に対応しようというものである．同時に小売，メーカー（ベンダー）間の情報共有と役割分担の新しい具体的ビジネスモデルとして，CRP（continuous replenishment planning）やVMI（vendor managed inventory）が登場する（図7.9の統合型に相当）．POS情報・在庫情報を共有した上で，CRPは契約した在庫水準にベンダー側が連続的に補充

を担うものであり，VMI の場合には在庫水準までベンダー側が責任をもつ形態である．

これらはいずれも EOQ（7.3 節参照）に代表される自組織だけの短期的な部分最適の否定であり，win-win の関係に基づいて在庫を抑え，かつ機会損失を防ぐことによる営業キャッシュフローの最大化を目指すものである．そして売り手でも買い手でもない第三者が情報コーディネーターや在庫マネジメントの役割を担う 3PL（third party logistics）という言葉が登場する．そこには物流事業者，卸，商社等の多くの事業者が参入している．さらには，現在の実需や在庫情報を共有するだけでなく，販売予測や生産計画といった未来情報までの連携・共有を目指した CPFR（collaborative planning forecast and replenishment）と呼ばれる取り組みも動き出している．

Column 8.1 ──

ロジスティクスと物流，SCM

ロジスティクス（logistics）とは，もともと戦争用語であり，兵站あるいは後方支援と訳される．刻々と変化する前線に効果的・効率的に兵器や物資を補給する活動であり，それがビジネスに転用されたものである．刻々と変化する前線は市場であり，兵器や物資が製品・サービスである．それを効果的・効率的に遂行するためには，まず前線（市場）の状況が正確に把握できるかであり，SCM と同義語ともいえる．1980 年代頃から，物流からロジスティクスへということがいわれはじめたが，これは物流の機能として，ただ効率的に運び保管するだけでは足りず，在庫管理を含めた 3PL 的な役割の必要性が出てきたためである．

■**企業内 SCM**

以上のような企業間 SCM（outbound SCM）に加えて，営業，生産，物流部門の連携による企業内 SCM（inbound SCM）も重要である．同一企業にとっても部門にはそれぞれ異なる組織文化や独自の評価システムがあり，それと SCM の全体最適（global optimization）とが衝突する場面も少なくない．

EDI や AIDC 技術，ERP や SCM あるいは SCP（supply chain planning）ソフト等の ICT への投資や活用はあくまで手段である．それらの潜在能力を引き出すのは，企業間，企業内に限らず win-win を実現するための組織力である（8.6 節参照）．

Column 8.2 ──

SCM と隠れたコスト，QCDES

　製造業における製品原価に物流費が平均的に占める割合は業種によって大きく異なるが，平均で約7%と推定される．しかしながら，物流費の定義は企業によって異なり，現在物流費として計上される費用の3/4は運賃を中心とした支払物流費が占める．一方，受発注等の情報の流れの処理や在庫管理を含めた製販の物流に関連したコスト（サプライチェーン内のインタフェースコスト）は，最終的に消費者が支払う売価の約25%（輸入品の場合には30%，そのうち海上運賃のコストの占める割合はわずか3〜4%）にのぼるといわれる．すなわちこの25%と7%の差が"見えていない"コスト（hidden cost）であり，サプライチェーンを構成する組織間で情報共有ができていないために発生する様々なリハンドリング（re-handling）の存在を示唆している．つまり，情報の再入力や，ムダな在庫移動等である．いいかえれば，SCMによりサプライチェーン全体をスルーで"見える化"することによって，コスト削減の宝の山が潜在していることを意味する．

　さらにコラム1.2で述べたように，食の安全・安心や有害物質使用の規制強化がなされる中，自社に入ってくる部品や原材料の履歴や組成，さらには自社から出ていった在庫品の鮮度管理や品質保証のために，調達から販売，使用，リサイクルまでビジビリティを高め，トレーサビリティを確保することが求められる．さらには，8.5節の環境への貢献を含めれば，SCMがオペレーションズ・マネジメントのDだけでなく，QCDESのすべてにおいて果たす役割は大きい．

8.2　見える化とSCM戦略

　図8.1は，1.2節，7.6節で述べたことをふまえ，サプライチェーン全体の必要在庫は，三つの要因の積によって決まるという切り口から，SCMの本質を整理したものである．

　この三つの積は，需要変動×意思決定段階数に相当する川下から川上へのデマンドチェーン（demand chain）と呼ばれる「情報の流れ」と，意思決定段階数×ボトルネックに相当する川上から川下へのサプライチェーンとしての「物の流れ」の二つに分けられる．

■**情報の流れ**

　まず情報の流れから問題となるのは，川下から川上へ伝言ゲーム型で需要情報が組織間で伝播されると，ブルウィップ効果を起こしてデカップリング在庫

8.2 見える化とSCM戦略

$$\text{サプライチェーンでの必要在庫量} \propto \text{変動} \times \text{意思決定段階数} \times \text{ボトルネック}$$

情報の流れ：変動 × 意思決定段階数
物の流れ：意思決定段階数 × ボトルネック

Bullwhip効果 ← 変動 × 意思決定段階数
鎖の効果 ← 意思決定段階数 × ボトルネック

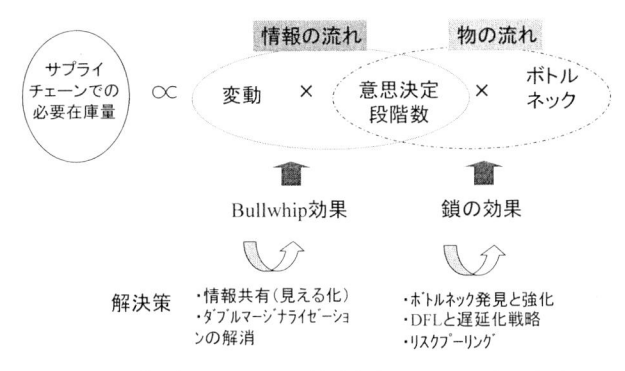

解決策：
- 情報共有（見える化）
- ダブルマージナライゼーションの解消
- ボトルネック発見と強化
- DFLと遅延化戦略
- リスクプーリング

図8.1 サプライチェーンの必要在庫を決める三つの要因の概念式

(7.6節) を必要とする．そこでは実需情報の共有を図ることによってブルウィップ効果をなくし，デカップリング在庫を削減することが求められる．その効果を実際のものにするためには，ただ情報共有するだけでなく，その情報を有効に活用して最適化するためのオペレーションズ・マネジメント上の組織力が求められる．加えてキャッシュフローを最大化するためには，次節で取り上げるダブルマージナライゼーション（double marginalization）を回避する必要がある．

■物の流れ

一方，ブルウィップ効果を加速し必要在庫をさらに積み増す物の流れからは，サプライチェーン全体の変化対応のスピードを決めるボトルネックの補充活動をまず見きわめる必要がある．図8.1において"鎖の効果"というのは，鎖の全体強度は一番弱いリンクによって決まるというアナロジー表現を用いたものである．たとえば，前章の図7.9の数値例においてボトルネックの補充活動，あるいはリードタイムに相当するものは何であろうか．

この場合，LT_2 をたとえ1期にしても必要在庫にほとんど影響を与えず，それは部分最適化（local optimization）のアクションに相当する．この場合，段階2の補充サイクルがボトルネックになっている．平均の実需が期当たり10であるのに対して，段階2の補充ロットサイズは200であり，平均20期というのが補充サイクルになっている．これでは実需が変化してもその間対応できないことを意味する．そこで，ロットサイズ，あるいは生産サイクルを半分にすると，必要在庫は，独立型で130，情報共有型で90，統合型で82となる．独立型であっても必要在庫は半分以下，もとのロットサイズのもとでの情報共有型の140よ

りも少なくなっている．

このようなボトルネックの見きわめも，サプライチェーン全体の物の流れが"見える化"できてはじめて可能なものである．図7.9自体が全体を俯瞰できるようになっているからこそボトルネックが理解されるのであり，段階1と2の間に組織の壁があればそもそもボトルネックという発想自体も封印されてしまう．

物の流れの中でボトルネックは何かという視点は，補充活動そのものに限っていると限界がある．その源流である商品設計やビジネスモデル自体まで遡って考える必要がある．それが8.4節で取り上げるDFLやリスクプーリングという考え方である．

■ **SCMの戦略**

SCMへのアプローチは，以上の情報の流れ，物の流れ双方の観点から考える必要があるが，業種，業態，顧客特性によってどちらにウエイトをおくべきかは異なる．たとえば，JITにおけるかんばん方式は，情報の流れという観点からは図7.9でいえば独立型に相当し，情報共有という立場からは弱くしてある．なぜなら，自分の一つ後の工程からの需要しか見ていないからである．一方，図8.1でいえば，生産という場で可能となる平準化の枠組みを用いることで"変動"を凍結し，かつボトルネックを常に発見してそれを強化するという，物の流れにウェイトをおいたSCMといえる．このようにSCMのあり方は，業種，業態，顧客特性によってその戦略は異なる．

Column 8.3 ──

SCMとトリプルA

SCMの能力は，トリプルA，すなわち，agility（迅速さ），alignment（連携），adaptability（環境変化対応）にあるという考え方がある．この中でadaptabilityは，同じ業種，業態であっても企業あるいはサプライチェーンを取り巻く環境は常に変化しているところから，SCMに完成形はなく，環境変化に合わせてつねに変化していく必要があるというものである．

たとえば，日用雑貨に代表される消費財の場合には情報の流れ，自動車やその部品のような比較的製品ライフの長いものは物の流れにウェイトがある．製品ライフが短かくかつ変化の激しいPCやAV機器では，双方からのアプローチが求められる．コラム1.1で紹介したPCメーカーの例では，3，4カ月で次モデルが

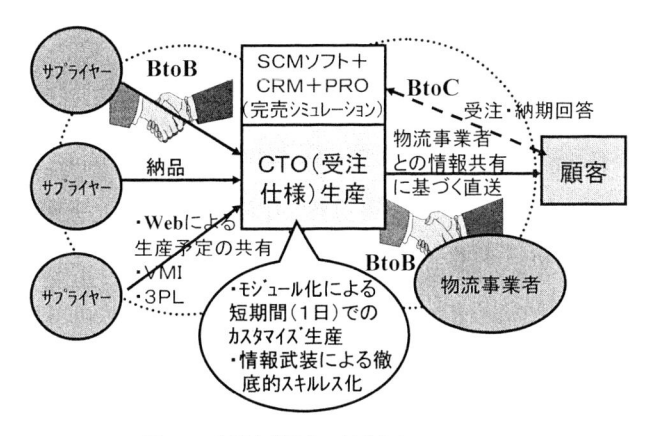

図 8.2 生鮮食料品化に対応した PC の SCM

出現して前のモデルは大幅に価格ダウン,そして世界的な競争にさらされている部品価格は月 2% も低下するという状況で,いかに新鮮な材料を仕入れ,いかに短期間で売り切るかという生鮮食料品のビジネスモデルになっている.

PC メーカーであるデルの名前を冠したデルモデルと呼ばれた SCM では,情報の流れからは,製品物流では 3PL としての物流事業者と連携し,部品調達ではサプライヤーによる VMI が用いられる.これに意思決定の最適化を支援するシステムソフトとして,需要予測から販売計画,生産計画を連動させた SCP (supply chain planning),顧客情報の管理と囲い込みのための CRM (customer relationship management),売り切りのために価格を調整して収益を最大化する PRO (profit revenue optimization) 等々が駆使される.そして物の流れからは,後述する DFL に基づくモジュール設計による短リードタイムでの生産というように,フルモデルの SCM が展開された.しかしながらそのデルモデルも,他社の追随と PC 産業を取り巻く環境変化により,今や競争優位を維持できなくなっている(図 8.2).

8.3 組織制約とダブルマージナライゼーション

■組織制約

情報共有をいくら実現しても,それを有効なものにするには,様々な組織上の制約(以下,組織制約:organizational constraint)を克服する必要がある.総

論では win-win のパートナーシップに賛成しても，各論に入るとそれが進まないということは SCM に限らず多い．それは，過去の商習慣や商関係から脱却できない，部分最適の評価システムへのしがみつき，SCM を構築する際のコストとベネフィットの公正な配分基準の不在というような問題が挙げられる．たとえば，工場の評価がつくりすぎのムダを含めた生産性であれば，実需とは関係なく過剰在庫をつくり出してしまう．

Column 8.4 ──

返品制度と店頭渡し価格制度，センターフィー

わが国固有の商習慣として，売れ残り商品のメーカーの費用負担による返品制度がある．返品制度にはゲインシェアリングの面からのメリットもある一方で，小売側の管理能力を殺いでしまう，狭い店舗で売れる商品のスペースを奪ってしまう等の問題がある．一方，商品引渡し時の物流費の費用負担という点では，店頭渡し価格制度がある．メーカーの小売への商品の卸価格が，小売の店頭で引き渡すときの価格であり，メーカーが負担すべき物流費はそこまで含んでいるという了解である．しかしながら近年，店頭ではなく小売店の配送センター（実際には卸等に委託）に直送するケースが増えている．そこでメーカー側が商品価格の 3～5% 程度のセンターフィーと呼ばれる料金を支払っているのが現状である．海外ではこのような制度は稀であり，わが国でも小売側がメーカーと工場渡し価格で価格交渉した上で，物流費は小売が負担するというモデルに移行していく傾向も見られる．

■ **ダブルマージナライゼーション**

組織間でいくら情報を共有しても，サプライチェーン全体の利益最大化を阻害する問題としてダブルマージナライゼーションがある．その例を示そう．

コラム 7.3 にある新聞売り子問題において，需要情報（表 7.2）を小売店とメーカーで共有したとする．小売店の 1 個当たり売価は 100 で，仕入価格 h_1 は 60 とすると利益 p_1 は 40，そしてメーカーの製造原価 h_2 を 10 とすると，販売価格（小売の仕入価格）は 60 であるので利益 p_2 は 50 となる．それぞれの利益を最大化する意思決定を行ったとき，小売店の場合，コラムと同じ数値例の設定であるため，最適仕入個数 $s_1=20$ となる．そのときの期待利益を計算すると 772.5 となる．

一方，メーカー側は $p_2/(p_2+h_2)=0.83$ で，$F(s_2)$ が 0.83 を上回る最小の s_2 は 22 となる．そのときのメーカーの期待利益は 1,013.9 であるが，実際には小

売店は20しか仕入れないために $(50×20-10×2)=980$ がメーカーの利益であり，小売，メーカーを合算した期待利益の総額は 1,652.5 と計算される．

それではサプライチェーン全体で利益最大化を考えればどのようになるであろうか．$h=10$，$p=90$ で，そのときの最適補充量 $s=23$ となる．期待利益は 1,842.5 で，それぞれが最適化した場合に比べて総額 190 だけ利益が増える．このようにサプライチェーンを構成する組織がそれぞれの利益最大化を追求することで，全体としての利益最大化が阻害される状況が，ダブルマージナライゼーションの問題である．

これを防ぐためにはどのような方策があるだろうか．返品制度やリベート制度はコラム 8.4 で述べたような別の意味の「副作用」がある．ひとつの方策としては，小売とメーカーの機能を統合したユニクロやザラのような製造小売という業態である．より一般的な方策としては，コラム 7.4 にあるメーカーと小売が連携したゲインシェアリングの努力であるカテゴリー・マネジメントという取り組みがある．また 8.1 節で述べた CPFR は，販売計画，生産計画を共有することでダブルマージナライゼーションを防ぐ方向を目指した SCM 形態として，今後の進展が期待されるものである．

8.4 DFL とリスクプーリング，差別化遅延戦略

■ DFL とは

現状の物の流れを前提とした対策から，革新的なリードタイム短縮や在庫削減のために，商品設計にまで遡った対応が DFL (design for logistics) であり，ここでは工程設計，拠点の再設計も含めたものをいう．DFL の方策をいくつか例示すると，

・製品設計のモジュール化 (modularity)，部品共通化 (commonality)
・荷姿を考慮した設計や商品サイズの標準化による輸送の効率化
・ユニークナンバーのソースマーキングにより商品ライフサイクルにわたるタグの活用によるトレーサビリティ向上と情報のリハンドリングの排除
・補充リードタイム短縮のための部品製造のパラレル化
・異なる小売どうしの win-win 関係に基づくエリア別共同物流センター

等が挙げられる．そして，次に紹介するリスクプーリング (risk pooling)，差別

化遅延（delayed product differentiation, or postponement）戦略こそ DFL を構成する大きな要素である．

■リスクプーリング

リスクプーリングのリスクとは需要の不確実性のことである．図 8.3 に示すように，CW（中央デポ：depot）と m カ所の BW（地方デポ）があり，CW から BW への配送は工場から CW への補充リードタイム LT に比べて無視できるものとする．もし個々のデポが標準偏差 σ の需要に接しているとすれば，そこで必要となる安全在庫は，前章の安全在庫の理論式より $k\sqrt{LT}\cdot\sigma$ であり，m カ所の BW 全体では $m\cdot k\sqrt{LT}\cdot\sigma$ となる．これに対して m 個の BW のいずれか，または CW 1 カ所に集中させて安全在庫をもつとすれば，そのデポが m カ所すべての需要に面することから，その需要の分散は，分散の加法性より $m\sigma^2$ で，標準偏差はその平方根である $\sqrt{m}\cdot\sigma$ となる（各 BW の需要が独立と仮定）．

したがって，集中配置したとき必要になる安全在庫は $k\sqrt{LT}\cdot\sqrt{m}\sigma$ となり，分散配置したときよりも，$1/\sqrt{m}$ だけ少なくて済むことがわかる．これがリスクをプールすることの効果である．当然，CW から BW への配送回数やそのコストは集中配置した方が若干大きくなる．しかしながら一般にわが国では在庫を配置した拠点が過剰といわれ，在庫という観点からは拠点はなるべく集中化（centralization）し，配送のための切換ノードとしての役割を担う拠点，あるいはデポと機能を区分した配置が必要ということである．

同様のリスクプーリングの効果は，商品のアイテムや品目を集約化（aggrega-

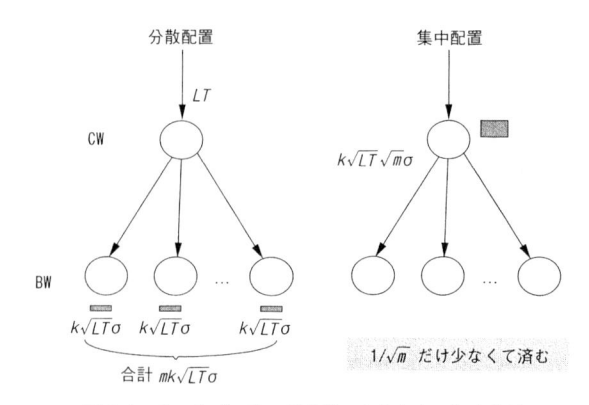

図 8.3　リスクプーリング効果：安全在庫の集中効果

8.4 DFLとリスクプーリング，差別化遅延戦略

表8.1 プリンター製品の商品アイテムと全体の需要のリスクプーリング

品目・月	11月	12月	1月	2月	3月	4月	5月
A	80	0	60	90	21	48	0
AA	400	255	408	645	210	87	1,432
AB	20,572	20,895	19,252	11,052	19,864	20,316	13,336
AQ	4,008	2,196	4,761	1,953	1,008	2,358	2,676
AU	4,564	3,207	7,485	4,908	5,295	90	3,070
AY	248	450	378	306	219	204	248
合計	29,872	27,003	32,344	18,954	26,617	23,103	20,762

品目・月	6月	7月	8月	9月	10月	平均	標準偏差
A	9	20	54	84	42	42.33	32.41
AA	816	430	630	456	273	503.5	356.4702
AB	10,578	6,096	14,496	23,712	9,792	15,830.08	5,624.579
AQ	2,540	3,310	2,046	1,797	2,961	2,634.5	1,018.398
AU	9,004	11,385	5,103	4,302	6,153	5,380.5	2,929.455
AY	484	164	384	384	234	308.5833	104.3338
合計	23,431	21,405	22,713	30,735	19,455	24,699.5	4,528.502

tion)した上で，需要予測を行う，あるいはそれらに共通する部品で在庫をもつことでも得られる．これも個々の商品アイテムのリスクすなわち需要の分散の加法性に基づくものであり，集約化した商品カテゴリーでの需要予測精度や，共通部品の安全在庫をもつ際の標準偏差が，個々のアイテムの分散の和の平方根で効いてくるという性質を利用したものである．

表8.1は，プリンター製品の商品アイテム別年間需要量を月ごとに示したものである．表下に示す商品アイテムを合計した需要量の標準偏差は，商品アイテムごとの需要の標準偏差の和よりも小さくなっている．さらにこの場合，合計の需要の標準偏差は，個別アイテムABよりも小さくなっている．これはアイテム間の需要に負の相関があるためであり，分散の加法性以上にリスクプーリングの効果があらわれていることになる．

このようにプーリングした商品アイテム全体で需要予測することで，その高精度化を図ることができるとともに，個々の最終製品ではなくそれを構成するモジュールや共通部品単位でなるべく在庫をもてば，安全在庫を減じることができる．これは次に述べる差別化遅延戦略のねらいと相通じるものである．

■差別化遅延戦略

差別化遅延戦略とは，商品の最終的な顧客へのカスタマイズを，顧客になるべ

く近い時点に遅らせる戦略をいう．有名な例としてアパレル製品において，従来は染色をして縫製し在庫をもち販売していたのを，縫製した後一旦在庫をもち，流行や売れ行きを見てデザインを含めた染色というカスタマイズを行うようにしたことである．これはカスタマイズの後工程化という生産技術の革新の例であるが，前述のプリンターやPCの例のように，商品設計をモジュール化，共通部品化することによって，その組み合わせからカスタマイズを行うやり方も，リスクプーリング効果の享受をねらいとしたものである．

8.5 環境とSCM

地球温暖化（global warming）への対応が待ったなしの状況になっている現在，SCMが大きな関係をもつ運輸部門のCO_2排出量は，わが国総排出量の約20％を占める．多くの場合，SCMの効率追求そのものが，環境負荷低減につながる．SCMの全体最適の追求による過剰な在庫とそのムダな在庫移動や様々なリハンドリングの排除は，走行距離の削減をもたらす．また商品設計のコンパクト化や積載効率を考慮した梱包設計等のDFLも，積載効率向上を通した走行距離の削減につながる．

加えて，重要な対策が共同化（joint operation）とモーダルシフト（modal shift）である．現在，スーパーごとに配送センターが運営されているが，これを再編してエリアごとに共同配送センターを協働化することで，店舗への配送距離と配送効率を高めることができる．ある大手スーパーの系列6社ではこのような首都圏でエリア別配送センターを構築する構想があり，これにより約50％の走行距離が削減できることが推計できている．

モーダルシフトとは，輸送手段をトラックから，トン距離当たりの環境負荷がより小さい鉄道，船に移行させようというものである．なかなか進展しないモーダルシフトであるが，日用品のリーディングカンパニーである花王では，自社の物流拠点までのモーダルシフト率は70％まで高められ，積載効率は99％という著しい効率を上げている．問題は，物流拠点から小売店への配送であり，積載効率はなお60％程度にとどまっているといわれる．

この数字を上げるためにはもはや1企業の取り組みでは限界があり，配送サービス条件の見直しまで踏み込む必要があろう．わが国の流通における納期遵守率

(on-time delivery and order fulfillment) は 99.9% かそれ以上というように，諸外国に比べて著しく厳しい．そのような過剰品質ともいえる商慣行そのものを見直すことは，高コスト体制の是正とともに環境負荷の面からも重要であろう．

8.6 簡易ベンチマーク手法としての SCM スコアカード

サプライチェーンを構成する組織間の連携を不可欠とする SCM において，前述したように総論で賛成，ただし各論に入った段階で様々な組織制約で進展しない場合が多い．それを阻害している原因として，過去の商習慣や商関係や評価システムに加えて，お互いに商取引上の被害者であり，相手がまず変わる必要があるという意識であったり，それ以前に同じ社内であっても連携のための共通認識や言葉がないといった場面もある．

組織制約を打ち破り，組織内の改革への共通認識を醸成する方法として，敵（ベストプラクティス）を知り，己を知るためのベンチマーキングと呼ばれる経営手法がある．しかしながら，それには時間もコストもかかる．それを簡易的にやろうというものが SCM ロジスティクススコアカード（LSC：logistics score card）である．これは東京工業大学と(社)日本ロジスティクスシステム協会で共同開発されたものであり，メーカー版，物流事業者，流通版があり，日本語版に加えて，英語等，中国語，タイ語，韓国語，フィンランド語等の 6 カ国のバージョンがある．

表 8.2 にメーカー版 LSC を掲げるように，戦略・組織に関する 5 項目，計画実行力に対する 5 項目，ロジスティクスパフォーマンスに関する 7 項目，ICT の活用の仕方に関する 5 項目の計 22 項目からなる．各項目について 5 段階のレベルを示す内容表現（レベル 5 が当該項目のベストプラクティスに対応）が与えてあり，自社あるいは自事業所に対応するレベル表現をチェック，選択（中間の場合は「.5」とつける）することによって自己評価ができるという簡単なものである．

日本語版では約 700 社のデータベースが構築され，このデータベースに基づく自動診断システムによる業種，業界別のスコアの順位や，SCM 性能を代表する SCM 組織力，変化対応力，ICT 活用力の 3 軸上での相対的な強み，弱みを視覚化したベンチマーク情報の提供サービスが実施されている（http://www.ie.me.

表 8.2　SCM ロジスティクススコア

1. 企業戦略と組織間連携

中項目	回答欄	レベル 1	レベル 2	レベル 3
① 企業戦略の明確さとロジスティクスの位置付け		企業トップの SCM やロジスティクスについての戦略・方針がなく、改革を担当する部署もない	ロジスティクス改革の担当部署はあるが、活動は部どまりで、トップの積極関与や明確な戦略はない	トップ(担当役員)のもとに、ロジスティクスや SCM 改革組織はあるが、全社的な浸透までには至っていない
② 取引先(サプライヤー)との取引条件*の明確さと情報共有#の程度 *納期・値引・在庫負担・運送条件 #計画内示、在庫情報等		主要取引先と取引内容の合意形成や情報共有がなく、単独で意思決定がされている	主要取引先と、取引内容の合意形成が一部あるが、検討段階のものもある	主要取引先とは、明文化された合意はあるが、互いにメリットを享受する win-win の取組みまでには至っていない
③ 納入先(顧客)との取引条件*の明確さと情報共有#の程度 *納期・納品条件、在庫負担、返品条件等 #需要・在庫情報、内示予測等		主要納入先と取引内容の合意形成や情報共有がなく、常に受身の立場での意思決定がなされている	主要納入先と、取引内容の合意形成が検討段階にある	主要納入先とは、明文化された合意はあるが、互いにメリットを享受する win-win の取り組みまでには至っていない
④ 顧客満足の測定とその向上のための社内体制		自社のコアとなる顧客について、明確な定義がなく、クレームがあってもその場しのぎの対応になっている	顧客の定義は明確にしているが、定期的な満足度調査はなく、クレーム等の顧客の声の蓄積もしていない	定期的に顧客満足度調査を行っているが、その対応については営業任せになっていて社内連携は低い
⑤ 人材育成とその評価システム		顧客や全体最適の視点での仕事の仕方に必要な人材育成プログラムは特に用意されていない	啓発や意識付けのスローガンはあるが、具体的な人材育成プログラムは存在しない	リーダーシップや創造的提案能力を育成するプログラムがあり、実践されている

2. 計画・実行力

中項目	回答欄	レベル 1	レベル 2	レベル 3
① 資源(輸送手段)や在庫・拠点の DFL に基づく最適化戦略		手持ちの資源や拠点について問題意識や戦略は特にもっていない	問題は感じているが具体的見直しの戦略・戦術はできていない	自社の拠点(工場・DC・TC)や輸配送手段の見直しに基づき最適化を図る戦略を持ち進めている
② 市場動向の把握と需要予測の精度		営業の経験だけに任せている	特定商品についてのみ過去の売上数量を参考にし、営業の経験を加味して需要予測を行っている	主要商品については、営業と関連部門を巻き込んだ過去の数値と市場動向を分析した上で予測している
③ SCM の計画(受注から配車まで)精度と調整能力		在庫をもつことを前提にして、販売、補充、配送の計画が個別になされ、連動していない	各計画が月レベルで大体連動している	各計画が週レベルで連動し、週内の調整は個別になされている
④ 在庫・進捗情報管理(トラッキング情報)精度とその情報の共有		補充活動の進捗や在庫情報のトラッキングは特にやってなく、結果の管理のみ	大体日レベルの進捗管理や月レベルでの在庫管理を行っている	自社内であれば在庫情報を含めてすべての活動の進捗の日レベルで追跡できる体制にある
⑤ プロセスの標準化・可視化の程度と体制		仕事の仕方の標準化やユニットロードの活用もまだあまりできていなく、ブラックボックス化している活動がある	大体仕事の仕方は標準化されているが、全体の仕事の流れは必ずしも可視化されていない	標準化やユニットロードの活用は十分なされているが、取引先とのインターフェイス部分の活動が可視化できていない

カード（メーカー版 Ver.4, 2005/10/26）

レベル4	レベル5	備考（言葉）
明確な戦略のもとでトップ（専務・常務クラス以上）が主導し，改革が進みつつある	社長のリーダーシップと明確な戦略のもとに，環境変化に即応可能な全社的体制ができている	サプライチェーン・マネジメント（Supply Chain Management: SCM）：顧客や消費者を起点とする情報を共有化し，供給連鎖を連携しながら同期化させることによって市場の変化に迅速対応する取り組み．業種や組織間の連携の形態によって，ECR, QR, CPR, VMI, 3PL, CPFR, BTO, CTO等の様々な用語が出現している．
明文化された取引の合意があり，一部は情報共有に基づくwin-winを目指した連携の取組みを開始している	明文化された取引の合意とともに，戦略と情報共有に基づくwin-winの連携体制が確立されている	
明文化された取引の合意があり，win-winの連携のための情報共有は，顧客の主導のもとで一部行っている	明文化された取引の合意とともに，戦略と情報の共有に基づく連携体制が確立されている	
定期的・定量的な顧客満足度調査が行われ，その向上のための社内関連部門の連携ができている	レベル4＋顧客とその顧客の満足度評価を共有し，商品企画に活かすパートナーシッププログラムがある	
レベル3＋その能力や成果に基づく評価システムが連動し，組織のエンパワーメント向上につながっている	レベル4＋知識やノウハウをチームや組織で共有するためのナレッジマネジメントの仕組みがあり，うまく機能している	ナレッジマネジメント：社員や部門が保有している知識やノウハウを組織として蓄積し，それを共有化することによって企業活動に生かすための取り組みやシステム．

レベル4	レベル5	備考（言葉）
レベル3のシナリオが顧客や取引先を巻き込んだものになっている	サプライチェーンを見渡して商品設計・構成の変更まで含めた変化対応のための共同化やカテゴリーマネジメント戦略がある	DFL（Design For Logistics）：多様化や変化に対応しながらロジスティクスの効率化を維持するために，製品・荷姿の再設計や，補充や物流プロセスの再構築まで遡った対策・考え方の総称． カテゴリーマネジメント：ブランドやアイテムといった単位ではなく，消費者の購買ニーズに基づく商品カテゴリーを戦略的なユニットとして，取引関係にある，メーカーと小売業が協力して売場効率の向上を推進する戦略的連携．
レベル3を商品全体に，または，主要製品についてはアイテム別に展開し，また需要予測のシステム化ができている	レベル4を，パートナーと協働で行い，市場動向の変化にフレキシブルに見直しができる	
各計画が週レベルでローリングさせながら連動し，川下の計画では日レベル連動した調整ができる	日レベルで連動しながら計画・調整ができ，取引先や顧客との時間レベルでの調整が可能である	
取引先の補充・在庫情報を含めて，日・時間レベルの追跡ができる体制にある	顧客・取引先を含めてサプライチェーン全体での補充・在庫情報が追跡でき，戦略的にその情報共有している	
インターフェイス部分を含めた仕事の流れが標準化，可視化され，自社内の仕事の改善・改革が行われている	レベル4に加えて，事業ごとにパートナーと連携した供給連鎖のプロセスが見え，同時に改革が行われている	インターフェイスコスト：物流に代表される組織間のインターフェイスで発生するコストであり，受発注等の情報授受や処理のためのコストを含む．情報共有されていない状況では様々なハンドリングに伴うコストが発生している状況である．いわゆる物流コストで把握できていない部分が多く占める．

3. ロジスティクスパフォーマンス

中項目	回答欄	レベル1	レベル2	レベル3
① ジャストインタイム(フロア・レディ)の実践 *情報共有に基づく情物の同期化による待ち時間レス，段取レスの取り組み		ジャストインタイムという考え方や意識は，組織内にない	ジャストインタイムという考え方はあるものの生産・補充・荷役・配送に生かされていない	シングル段取，外段取，フロアレディというような対策が個々の活動についてある
② 在庫回転率とキャッシュツーキャッシュ		双方の指標を，ともに測定してなく，回転率は低く，資金の回転にも苦しんでいる	拠点別にトータルの在庫回転率は把握しているが，キャッシュの流れとリンクしたマネジメントにはなっていない	取引先別，カテゴリー・アイテム別に在庫回転率を把握している(把握の精度は週単位で，実績は年12回転以下)
③ 顧客(受注*から納品まで)リードタイムと積載効率 *見込産業の場合は，計画立案から納品まで		受注から納品までのリードタイムが長く，顧客からの短納期の要請を頻繁に受けている	顧客別のリードタイムは把握しているが，短納期のものは在庫で対応し，リードタイム削減の取組みはしていない	顧客別・アイテム別にリードタイムを把握・管理し，積載効率を高める配車計画とリンクさせている
④ 納期・納品遵守率／物流品質		納期遵守率(納期遵守件数／オーダー件数)，納品率(正確納品件数／オーダー件数)を把握してなくクレームも多い	納期遵守率，納品率を把握しているが，共に95％以下	いずれも95〜99％にあり，納期遅れ，欠品・誤配，破損の発生源のデータの収集が行われている
⑤ トータル在庫の把握と機会損失		事業所または自社内の手持ち在庫しか把握してなく，売り損じに伴う機会損失も推計していない	自社内の在庫把握にプラスして，機会損失も推計している	取引先を含めた在庫は把握し，自社の機会損失を推計している
⑥ 環境対応について		環境問題に関心は薄く，会社・事業部など組織として特に対策もしていない	ISO14000取得などを含めた，全社的な環境問題の取組をしている。また，社内に環境に関連した組織が存在し，社外への対応と社員への啓発を実施している	レベル2に加え，事業所における排出物をゼロにすることに向けての取り組み(ゼロエミッション活動)が行われている
⑦ トータルロジスティクスコスト*の把握について *受注管理コスト(含む運賃)，在庫維持コスト，計画管理コスト，情報システム管理コスト等のロジスティクスに関するトータルコスト		販売管理費や製造原価は把握している。しかし，自社のロジスティクスに関係したコストは正確には把握していない	自社内のロジスティクスに関係したコストに関して，自家物流費，支払物流費，保管費等は把握している	レベル2のことを，取引先別，顧客別に大まかに把握し，収益管理に活用している

4. 情報技術の活用の仕方

中項目	回答欄	レベル1	レベル2	レベル3
① EDIのカバー率		どの顧客・取引先ともネットワークで結ばれていない	一部顧客・主要取引先の要請に応じてEDIを導入しているが，あくまで受身の立場である	EDIの使用率は50％以上であるが，大半が自社または顧客・取引先の専用標準である
② バーコード(AIDC)の活用度		バーコードを用いた管理は行っていない	バーコードを用いた検品等を行っているが，そのデータを他目的に活用するような使い方になっていない	読み込みデータを他のシステムで活用する等情物一致の効果も出している例がある
③ PC，業務・意思決定支援ソフト(ERP, SCMソフト等)の有効活用		業務にパソコンも活用していない	業務システムの一部にパソコンを活用している	日常管理的な業務システムの大半はパソコン等コンピューター化されている
④ オープン標準・ワンナンバー化への対応度		情報技術の活用にオープン標準の採用や，有効活用のためのワンナンバー化は視野にない	レベル1について，その必要性は理解している	自社内についてはコード類のワンナンバー化や情報技術の能力を引き出す業務のシンプル化を行っている
⑤ 取引先への意思決定支援の程度		取引先や顧客のシステムや意思決定の仕方の根拠は知らないし，関心もない	取引先や顧客の意思決定の仕方は大体は分かっているが，使用システムについては把握していない	取引先や顧客の使用システムも把握しているが，win-winを実現するための提案や動きはしていない

レベル4	レベル5	備考(言葉)
配送計画からピッキング順序を決め配車という様な情報の流れと同期化したジャストタイムの取り組がある	レベル4の取り組みが取引先,顧客を巻き込んだものになっている	
レベル3を日単位の管理精度で行い(実績は12回転以上),キャッシュフローにリンクしたマネジメントになっている	時間単位の管理精度で年24回転以上の実績で,キャッシュツーキャッシュも10日以内のレベルにある	キャッシュツーキャッシュ:現金収支であるキャッシュフローのサイクルタイム。売掛金回転日数+在庫回転日数-買掛金回収日数で定義される資金回収のスピード
レベル3+平均リードタイムが2日以内で,常にリードタイム短縮努力がなされている	レベル4+積載効率が平均80%以上を実現し,直送を積極的に活用している	
いずれも99%以上であり,発生源データに基づく,ポカヨケ等の未然防止対策が継続的にとられている	レベル4+取引先・顧客と連携し,指標を維持し効率化を図るための検品レス等の取り組みを推進している	
取引先から自社そして顧客までの在庫量を把握しているが,機会損失は自社のみ分だけ推計している	自社を含めたサプライチェーン全体の在庫が把握でき,最終需要の機会損失まで推計できる	
レベル3に加えて,環境負荷を考慮したロジスティクス改革(輸送手段の選択,経路の最適化,グリーン購入など)を実施している	レベル4に加えて,商品設計や商品開発まで遡り,DFE(環境対応設計)などライフサイクルを考慮したDFLレベルでの環境負荷削減への評価,設計がなされている	
ABC等の分析により管理費を含めた自社のトータルロジスティクスコストに相当するものを,取引先別に把握し,収益管理だけでなく改善や改革に活かしている	レベル4に加えて,自社だけでなくサプライヤー,得意先を横串にしたトータルロジスティクスコストが把握できており,その削減によるゲインシェアリングシナリオができている	ABC(Activity Based Costing):活動基準原価計算と呼ばれる管理会計の方法。特に実態の把握しにくい間接費を,機械的に配賦するのではなく,コスト格差をうむ単位でアクティビティを定義することによって正確に算出する方法

レベル4	レベル5	備考(言葉)
レベル3において,EDIのやり取りのほとんどが社内システムとリンクし,手作業を伴わない	一部例外を除いてほとんどが社内システムとリンクしたEDI化がなされており,オープン標準の採用や移行にも積極的である	EDI(Electronic Data Interchange 電子データ交換):帳票等の商取引で必要なデータをデジタル化してネットワークを介して交換。交換メッセージには取引先グループ内でしか通用しない専用標準とオープン標準がある。オープン標準には国内標準としてCⅡ標準に基づくJTRAN,国際標準としてUN/EDIFACTがある。最近はインターネットを用いた簡易的なEDIとして,WebEDIやXML EDIがある。
レベル3の効果を拡大させるために,バーコードや他のAIDCを業務改革とセットで情物一致の手段としてとらえている	レベル4に加えて,2次元シンボルやICタグの最適な組合せの下で,EDIとのリンクによるサプライチェーンレベルでのロジスティクス改革が実行あるいは視野に入っている	AIDC(Automatic Identification and Data Capture):バーコード(1次元,2次元),RFID(またはICカード)等の情物一致のための自動認識技術の総称。
レベル3に加え,サプライチェーンの計画や最適化に関して意思決定支援のツールとして情報技術を活用	ERPやSCMソフト,CRM等の情報技術を活用しており,その有用性を更に高めるため,アウトソーシングすることなども視野に入れている	ERP(Enterprise Resource Planning):販売,生産,会計といった企業の基幹的な情報処理業務を統合化した新しい形態のパッケージソフト。SCMソフト:ERPに対して,経営上の計画や意思決定支援を目的としたソフト。需要予測から,販売計画,生産・物流計画等を同期化させながら最適化を目指したロジックよりなる。
レベル3を取引先を含めて実現し,EDI等のオープン標準の採用または検討している	レベル4を,顧客を含めて実現し,オープン標準採用にもイニシャティブをとっている	ワンナンバー化:貨物や商品のコード類の部門や組織,そして国を超えた1つのナンバーを与えることで,再入力やリハンドリングを防ぐことを目的としたもの。EDIやADC技術を組織間で有効活用するための大きな要件でもある。
win-winを実現するための相互のシステムの運用方法や意思決定の変更等の提案をはじめている	win-winを実現し,常にその改善・改革のためのイニシャティブを取り,取引先や顧客に提案・支援を行っている	

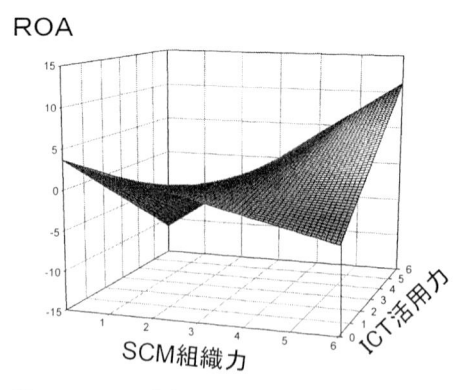

図8.4 SCM組織力とICT活用力とROAとの関係

titech.ac.jp/lab/enkawa/index-j.html)．またLSCの活用例として共通認識の醸成のためのギャップ分析があり，同一企業内の階層の異なるメンバーでの自己評価，あるいはパートナーどうしの相互評価を行い，メンバー間の認識ギャップを定量的に"見える化"するための道具としても多く活用されている．興味深いことにわが国の企業の場合，階層が高いほど評価は甘くなるという海外企業と全く逆の現象が観測されている．

なお，データベースに含まれる企業について，LSCで測定されるSCM性能とROAやキャッシュフローといった経営成果指標との関係を分析すると，図8.4に示すように，SCM組織力（大項目の企業戦略と組織間連携にほぼ相当）があるレベル以上に達していなければ，いかにICTを活用しても逆にROAを損ねてしまうという結果が得られている．これはキャッシュフローの場合でも同様であり，効果的SCM構築には，まずはLSCの「企業戦略と組織間連携」の平均スコアをレベル3以上にすることが要件といえる．

Column 8.5 ──

ITパラドックス

ITパラドックスとは，情報技術への投資が大きく膨らむ一方で，それによる生産性向上が実現できていない，経営成果が伴っていない批判を指す．国レベルのIT投資の効果の測定からこの議論がはじまった．その理由としては，本書の中でも強調したように，ITあるいはICTはあくまで手段であり，それを有効に活用するための組織能力が必要であるということである．上述の図8.4に示すLSCによ

るSCM組織力があるレベルに達していなければ，IT投資は逆に経営指標を悪化させることになるというのは，正にITパラドックスを説明するものになっているといえる．

【演習問題】

8.1　図8.1のフレームワークを，安全在庫の理論式，そしてJITに適用したとき，それぞれ三つの要因がどのような場合，あるいはどのようにしたときに成立するかを説明せよ．

8.2　ダブルマージナライゼーションの解決策として，返品制度はどのような「副作用」を生み出しているかを述べよ．

8.3　DFLの具体例をいくつか挙げよ．

8.4　自社，あるいは特定の企業あるいは事業場を想定し，LSCによる自己評価を実施し，レベルをそのままの数値化した平均スコアを求め，3以上かどうかを判定せよ．

9　新製品開発マネジメント

　オペレーションズ・マネジメント上の競争優位の目標はスピードと開発効率であるが，そのためには新製品開発の各ステップをオーバーラップさせながら，QCDES のつくり込みを手戻りなくできるかが重要である．すなわち効果的な源流管理ができるかである．本章ではそのための着眼点と，手段としての ICT の活用やマネジメントツールについて紹介する．

9.1　新製品開発のプロセスとマネジメント上の区分

　市場の変化，そして激しい企業間の競争の中で，新製品が市場に出現して市場から消えるまでの製品ライフ，寿命（product life）は，ますます短縮化している．たとえば，コンビニの店頭に置かれる商品は，1 年で半分以上が入れ替わるといわれることからも実感できよう．このような状況で，新製品を継続的に創造，市場に投入でき，かつそれをタイムリーに実行できる製品開発力が，企業が持続的に成長できるための鍵となる．

■新製品開発プロセス

　新製品（商品）開発（NPD：new product development）のプロセスは，製品コンセプト創造（concept creation），製品仕様決定（specifying）のいわゆる製品企画段階（planning process）と，製品設計（design），工程設計（process design），生産立ち上げ（ramp up）までの製品化（事業化）段階（development process）に分けられる．さらにそのマネジメントのあり方からは，図 9.1 の製品仕様決定部分に位置する斜めの線で仕切られる前半部分のコンティンジェンシーエンジニアリング（contingency engineering）と，後半部分のコンカレントエンジニアリング（concurrent engineering）に分けて考える必要がある．

9.1 新製品開発のプロセスとマネジメント上の区分   129

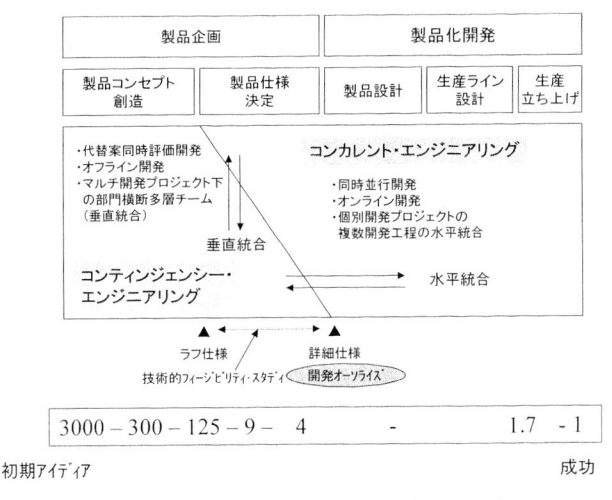

図9.1 新製品開発プロセスの区分と成功カーブ

■コンティンジェンシー／コンカレントエンジニアリング

　コンティンジェンシー（contingency）とは不確定という意味であるが，先行して進めている研究開発や特許等の技術ストックを考慮しながら，アイディア創造・評価・選択，製品コンセプト創造，そして市場・技術・競合他社のベンチマーキング，技術的フィージビリティを通して，製品化開発がオーソライズされるまでをいう．この過程で多くの代替案が淘汰され，場合によっては製品化自体を断念するという決断を迫られることもあろう．そしてここでは多くの不確定要素の中で企業や事業部門のもつ資源も考慮した意思決定が要求され，何より企業トップの責任のもとでの戦略的マネジメントが要求される．また，単に単発の新製品開発だけでなく，一つのプラットフォーム製品の開発から，それからマイナーな変更やモデルチェンジによる派生製品系列までを視野に入れた製品世代サイクル（product generation cycle）の戦略策定も含まれる．

　一方，開発がオーソライズされ，CFT，すなわち部門横断的プロジェクトチームが編成されたもとで行うコンカレントエンジニアリングでは，製品設計，部品設計，試作評価，工程設計，生産立ち上げのプロセスを，なるべく文字通り同時進行，あるいはオーバーラップさせ，短いリードタイムで市場に新製品を投入することが求められる．上述の新製品開発マネジメントの使命であるタイムリーさを担うところである．短リードタイムにより，最新の技術成果を取り込むこと

ができ，他社に先駆けて新製品を市場に投入することで，高い先行者利益を享受することも可能となる．

Column 9.1

成功カーブと死の谷，ダーウィンの海

図9.1の下側に示しているように，一般に新製品開発では当初3,000のアイディアがあり，アイディア絞り込みにより300，調査まで進むものが125，そしてプロジェクトが組まれるものが9というような様々な淘汰があり，製品化開発まで辿りつくのが4，そして市場に投入されるのが1.7，最終的に成功とされる新製品は1という研究報告がある．この割合の法則は成功カーブ（success curve）と呼ばれる．いわゆるヒット商品でしかも長期間に渡り売れ続けるロングセラー商品はいかに稀少な存在であるか，これからわかろう．新製品開発の難しいところである．

一方，技術経営（MOT：management of technology）の立場からは，研究開発と製品化あるいは事業化との間のギャップのことを"死の谷"（dead valley）と呼ぶ．いくらすばらしい研究開発であっても，多くは製品化開発の前で淘汰されることを指す．それは企業のもつ資金や資源の制約によるものである．そしてようやく製品化開発までこぎつけても，今度は"ダーウィンの海"（Darwinian sea）に晒される．これはいくら製品化されても激しい市場での生存競争に直面することになり，そこでの淘汰を指す．

9.2 コンカレントエンジニアリングと源流管理

■開発リードタイムの短縮と品質・コストのつくりこみ

企業の競争優位を決める組織能力として，新製品開発リードタイムがある．通常これは開発がオーソライズされ，新製品の市場投入までの期間を指す．自動車の場合には，1980年頃までは日本企業の場合で4年，欧米企業では6年であったが，最近では1年あるいは10カ月というように大きく短縮している．そのためには，まず製品設計をし，次に部品設計し，その次に部品の金型設計，というように直列的な開発の流れでは済まなくなってきた．そこでこれらのプロセスをなるべく同時進行させることによって，リードタイム短縮が図れるようになり，コンカレントエンジニアリングという言葉が生まれた．

一方，品質，コストは新製品の設計・開発段階で80%が決まるといわれる．図9.2はコスト面からの概念図である．なるべく源流（構想・企画段階）に近い

9.2 コンカレントエンジニアリングと源流管理

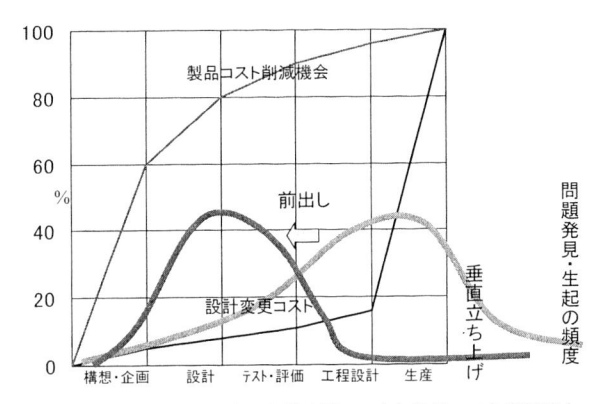

図9.2 開発プロセスによる設計変更コストと製品コスト削減機会

ほど製品コスト削減機会・金額が大きい．4章で紹介した原価企画の重要性を示すものである．また下流（生産）になるほど品質上の問題による設計変更や，それによる前工程への手戻りが発生すると，そのためのコストが急激に増大すると同時に，開発リードタイムを引き伸ばすものとなる．ましては市場に出てから重大クレームやリコールにつながるとさらにコストは跳ね上がる．一般に，設計段階，生産段階，そして市場で設計上の不具合が発見された場合，それぞれに要する設計変更コストは，1対10対100になるといわれる．新製品開発のオペレーションズ・マネジメント上の最重要課題は，新製品開発のなるべく源流で，品質，コストをつくり込む源流管理にある．

それでは，開発プロセスをオーバーラップさせ，しかも源流管理を徹底させるためにはどのようにすればよいだろうか．そのための着眼点は，①関係者間での情報共有，②問題点の前出し，③製品世代ライフサイクル視点からの製品・設備構造とそれに対応した開発プロセス戦略，である．そしてそのための手段として，①3次元 CAD（three dimensional computer aided design）や CAE（computer aided engineering）と呼ばれるシミュレーション技術等の ICT の活用，② DfX と呼ばれる設計データベース（後述）の整備，そして，③品質保証や原価企画等のツール・手法の活用，が挙げられよう．

■ プロジェクトチームの編成

通常，新製品開発にあたっては，関係する部門（設計，生産技術，営業等）からなる CFT が編成される．いくら ICT の進歩があっても，それでは伝わらな

い face to face のコミュニケーションが依然として重要な要素を占める．そのためのCFTの形態としては最も情報共有の密度の高い，それぞれの部門を離れてプロジェクトに専従するタイガーチーム（tiger team：虎の背中の縞は，両脇の縦方向の縞（部門に相当）と離れていることから命名）から，部門に在籍しながらチームに参加する形態等，様々である．緊急を要する場合，あるいは新規の製品世代のプラットフォーム開発のような状況では，タイガーチームでしかもコロケーションと呼ばれる場所的にも同じところに集結するような形態が有効であろう．しかしながら，コスト的にも効率面でも，そして人材育成面（新技術や専門分野の情報はもとの部門にあり）からも，一度タイガーチームを経験した後は，専従度のウエイトを軽くしたライトウエイトチームへ移行させるというのが一般的である．

部門間の必要なコミュニケーション密度，情報共有の程度に基づく効率的なチーム編成の方法として，DSM（design structure matrix）がある．図9.3の左側に示すように，まず関係部門間のコミュニケーションの必要度による相互関係を評価する．次になるべく関係の深い部門が隣り合うように部門に相当する行と列を入れ替える．その結果が右側である．これにより，(A,B,D)，(C,E,G)，(F) のグループに分けられることがわかる．それぞれのグループ内でサブチームを構成し，その代表者による全体チームを編成することで設計会議等を効率化することが可能になる．これはコラム9.2で示す製品のモジュール設計と同じ原理に基づくものである．

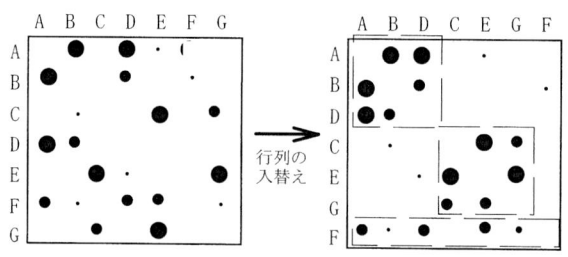

● ：週数回の連絡(密接な相互関係)
● ：週1回の連絡(やや密接な相互関係)
・ ：月1回の連絡(低い相互関係)

図9.3　DSM：開発部門・アクティビティのコミュニケーション密度によるグループ化

■前出し活動とデザインレビュー

　一方，源流管理の立場からは，源流で品質・コストをつくり込むということは，潜在的な問題点をなるべく設計・開発の前段階で顕在化させることである．図9.2の下側の二つの曲線は，問題点が発見される頻度を示したものであり，生産立ち上げから生産にかけて問題発見のピークがくるパターンから，企画段階から設計，そしてテスト・評価段階でほぼ問題点を出し切るパターンへの移行を，"前出し"活動と呼ぶ．図9.2の右下に"垂直立ち上げ"（vertical ramp up）という用語があるが，問題点の前出しがうまくいき，初期流動管理（initial phase production control）と呼ばれる期間が0にできる，すなわち生産立ち上げと同時に問題なくすぐにフル生産に入れる状況をいう．そのためにとられる方策がフロント・ローディング（front loading）であり，開発工数をなるべく新製品開発の源流段階に集中化することを意味する．しかしながら，設計のプロセスを細かく見ると，設計→製作→テストのサイクルの繰り返しであり，このサイクルごとに問題点をその中でクリアし，後工程に流出させないということが基本である．トヨタグループでは，そのことを"自工程完結"と呼び，従来の製造工程から開発活動での取り組みを強化している．

　このような潜在的な問題点の発見を含めて設計開発プロセスに関所を設けて，性能・機能・信頼性などを価格，納期などを考慮しながら設計について審査するのがDR（design review：デザインレビュー）である．審査には設計・製造・検査・運用など各分野の専門家が参加し，特に3H（変化，初めて，久しぶり）に該当するような状況や箇所について潜在的な問題点はないかを審査し，次の工程への移行の可否が決められる．表9.1は，自動車の開発におけるDRの種類と

表9.1　DRの種類と内容

名称		審議事項	移行可否を決める次工程
DR1	製品企画審査	適正な基本計画の確認	製品設計
DR2	試作設計審査	試作図面の基本計画への適合	試作，試験，検討
DR3	設計品質確認審査	設計品質の基本計画への適合	生産図面設計
DR4	量産機設計審査	生産図面の基本計画への適合	生産準備
DR5	生産準備審査	適正な工程・検査・設備計画の確認	生産設備整備調達
DR6	製造品質確認審査	製造品質の適合と工程能力の確認	生産
DR7	販売準備審査	適正な販売・サービス体制の確認	販売・サービス
DR8	初期生産審査	初期製造品質の設計品質への適合度	維持活動
DR9	顧客満足度審査	市場と顧客の評価の認識	次期新製品開発

内容を示したものである.

Column 9.2 ──

モジュール対インテグラル

　モジュール（modular）型とは，ある一定の機能を果たす半自律的なサブシステムであるモジュールを，一定のルールに基づいて連結することで複雑な製品が構成される製品構造をいう．モジュール自体は複雑なシステムであっても，それの連結ルール，設計ルールが定まると，個々のモジュールの設計や改善は，他のモジュールとは独立して行えるようになる．特にPCのように連結ルールもオープンになると，グローバルなモジュールの開発競争が起こり価格も低下するという効果をもつ．工作機械も代表的なモジュール設計の例であるが，連結ルールは各社の独自のものであることが異なる.

　これに対してインテグラル（integral）型とは，一つの機能に多くの部品が関わり，それらの部品の擦り合わせにより品質や機能が決まるものを指す．代表例は自動車であり，2万点もの部品から完成される．モジュール型の場合には，製造そのものはモジュールを組み合わせることで簡単に行えるが，インテグラルでは組み立てそのものについても製造ノウハウが必要になってくる．自動車の場合も，パネルやシートといった単位での部品の集合で，モジュール化や車台，エンジンの共通化が進みつつあるが，アフェクティブと呼ばれる顧客の感性に訴える商品でもあることから，自ずと限界があろう．

　前述したようにコンカレントエンジアリングは，開発がオーソライズされて市場投入されるまでをいう．当然のことながら基盤技術や要素技術のように研究開発やその製品化に多くの時間を要するものについては，より中長期の戦略に基づく先行開発（オフライン開発とも呼ばれる）が必要である．図9.4はそのしくみを描いたものであり，これらの先行開発の技術成果を取り込み（玉出しと呼ばれ

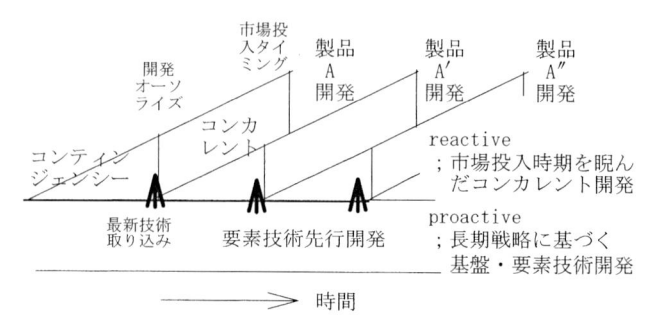

図9.4　コンカレントエンジニアリングと先行開発

る)，製品化開発がなされる．自動車でいえば，車台，エンジンや，部品レベルでも様々な先端技術が取り込まれる．

9.3　ICTの活用とDfX設計

■ ICTの活用

　コンカレント開発や源流管理の支援ツールとして不可欠なのが，ICTの活用である．特に3次元CADは，コンピュータ内部に実際の製品に近いイメージを作り出すモデリング技術であり，製品イメージを地理的に離れていても開発メンバー間で共有できる．3次元データを共有することにより，複数の開発者の同時並行作業を体系的に進めることを可能にする．また仮想空間上ではなく3次元データを用いて製作するステレオリソグラフィーや紙積層法を用いることによって，ラピッドプロトタイピングと呼ばれる実物に近い試作品製作（prototyping）が短期間でできる．

　そしてこの3次元データとシミュレーション技術を結びつけたのがCAEである．たとえば，部品設計で強度解析や熱解析によるシミュレーションを行うことで，早期に設計解を絞り込むことができる．同時に部品の金型設計に設計解を引き継ぐことによって両者の設計をオーバーラップさせることができるとともに，金型設計に流動性解析等のCAEを適用することによって，設計リードタイムの短縮を実現できる．

　3次元CAD，CAE，そしてCAM（computer aided manufacturing）と製品設計，エンジニアリングから工程設計までを包含した概念がPLM（product lifecycle management）と呼ばれる．しかしながら，これらのICTの活用はあくまで支援ツールである．潜在的な問題点が潜んでいないか，モレはないか，最後のツメは設計者，開発者の役割である．その意味では，設計→製作→評価のサイクルの中で評価や測定技術もきわめて重要な役割を果たす．そして"自工程完結"の認識でこそ，ICTを有効活用するための最後の砦となる．

■ DfX設計

　一方，QCDそして環境対応のために製品設計そのものに反映させる源流管理が，DfX（design for X）である．Xのところをlogisticsにすれば，8章で述べたDFLで，その代表的なものがDFM（design for manufacturability：製造容

表9.2 DFMの着眼点の例

・共通部品の活用	・カタログ部品の活用
・流用設計	・工程設計ガイドラインの遵守
・対称設計	・工程の最小化
・部品の違いの明確化	・公差の最適化
（色，マーク，文字）	・ポカヨケ設計
・部品の結合	・設計文書関連コストの最小化
（機能の集約化）	・サービス・修理の容易化
・部品と工具のアクセス	

易性設計）である．いいかえれば，作りやすい設計であり，製造段階での不良をなるべく減らし製造コストを小さくする製品設計の着眼点を与えるものである．表9.2に簡単な例を示すが，通常，製品ごとに各社で設計標準としてデータベース化されている．

DFA（design for assembly：組立容易性設計）は，特に直接労務費や労働生産性に影響する組立に焦点をあてたものである．作業者にカンコツや難姿勢を強いるような作業を排除するような製品設計や，作業ミスをしてもそれに気がつくようなポカヨケ設計，たとえば，組み付け時にパチンという音がしたら確実に組めていることがわかるような設計である．さらになるべく一方向で組み付けができるような設計にすることによって，自動化にも結びつく．

また最近，特に重要になっているのがDFE（design for environment：環境対応設計）である．部品の再使用やそのための逆工程を考慮して，

①解体性（部品がはずせる）
②分離性（素材単位にばらせる）
③識別性（素材の名称がわかる）
④再利用性（リサイクルできる）
⑤安全性（素材に毒性がない）
⑥処理安全性（安全に処理できる）

等の着眼点の取り組みや，その他再使用やリサイクルに必要な情報を提供することである．いくら再使用やリサイクル率を上げようにも，DFEがなおざりにされていては，その実現は不可能になる．

また設備設計の立場からは，MP（maintenance prevention）設計がある．これはもともとは5章で取り上げたTPM活動の初期管理活動から生まれたもので

表9.3 バラエティリダクションの着眼点

固定—変動	製品群のベースとなる固定部分と市場ニーズに対応した変動部分の切り分けの明確化.
組合せ	部品やユニットを簡素化し，互換性をもたせることで，製品の多様化に対して，ユニットの組合せで実現．モジュール化はその例．
多機能・集約化	部品ごとの機能の集約化を図ることによって，最小の部品で必要な製品機能を満たす．
レンジ化	一つの部品がカバーする使用範囲を最大化し，部品種類や型・治工具が増えないようにする．
系列化	部品や設備に要求されている性能や仕様値を，一定の法則で配列しなおすことによって，余分な部品・製品を排除，管理コストを軽減する．

ある．設備の故障履歴とその対策から故障やチョコ停を防止し，メンテナンスしやすいノウハウをMP情報としてデータベース化し，次の設備設計に反映するものである．

そして，製品世代サイクルにわたる製品設計の着眼点を与えるものがVR (variety reduction) で，表9.3はその例を示したものである．ますます顧客の要求が多様化する中で，リストの1番目にある固定—変動の着眼点は，製品開発にコストおよびそのリードタイムにも大きな影響を与えるものであり，大変重要である．顧客の要求に対応した製品のモデルチェンジを念頭にした上で，そのベースとなる固定部分と，モデルごとに変えていく変動部分を明確に切り分けておくことは，製品の基本的なアーキテクチャーを決めるものである．

以上のようなICTの活用の仕方，DfX等の着眼点やデータベースは，社内標準として組織がもつ知識，知恵として維持，運用されるべきものである．加えて，常に改善やブラッシュアップがなされ，再び標準化されなければならない．いいかえれば，これらは新製品開発の組織力を支える無形資産（intangible asset）といえる．

9.4 新製品開発のためのマネジメントツール

新製品開発に有効なマネジメントツールとしては，4章の品質マネジメントで紹介した多くの手法がある．その代表的なものがQFDであり，顧客の要求から設計品質を決める，さらに設計品質と部品やその製造工程の関係の鳥瞰図を与え

るものである．また品質工学は，異なる使用条件下でも性能を維持するための最適パラメータの設計や，公差の決定に用いられる．

■ FMEA による品質保証

一方，安全に係わる製品の品質保証や信頼性確保は特に重要である．試作段階で信頼性試験が行われるが，実用状態のあらゆる故障モードを摘出するのは困難である．そこで用いられる手法が，FMEA (failure mode effects analysis) である．FMEA とは，“設計の不完全さや潜在的な欠点を見出すために構成要素の故障モードとその上位アイテムへの影響を解析する技法”であり，製品構成部品が壊れたとき，製品全体がどんな影響を受けるのかを，ボトムアップ式に一覧表（ワークシート）にまとめあげるものである（図 9.5 参照）．

たとえば，自動車部品のサブシステムを構成する解除レバーについて，考えられる故障モードがまず列挙される．その中の一番目にシャフト折れがあり，原因として，強度不足，素材キズ等が列挙されている．サブシステムへの影響は稼動不能につながり，ひいては走行不能につながりかねない．これを致命度として計数化するために，〈発生頻度〉と〈商品全体への影響度〉をそれぞれ点数化した上で，その積がとられる．このような手続きをすべての故障モードについて行い，致命度の大きさに応じて対策がとられる．

このような一覧表（ワークシート）にまとめることで，DR の重要な資料にもなる．特に DR のところで述べた 3 H に該当するような部品については必須ともいえる手法である．また FMEA の用途としては，製品・部品設計が主体であったが，近年，生産準備段階の工程設計の分野にも，その完成度を高める意味で活用されている．その場合，設計 FMEA に対して工程 FMEA と呼ぶ．

なお，FMEA とは対照的に，システム全体の故障や不良をトップ事象として，

No.	名称	機能	故障モード	故障原因	発生度	影響度	致命度	対策	処置段階
1.	解除ﾚﾊﾞｰ	ﾃｨﾙﾄと ﾌｰﾄﾞの 解除	ｼｬﾌﾄ折れ	1.強度不足 2.素材ｷｽﾞ ・ ・ ・	3	6	18	XXXX XXXX	XXXX XXXX

図 9.5　FMEA の例

これに影響のある構成部品やその原因を論理的・トップダウン的に探索していく手法として，FTA（fault tree analysis）がある．また新製品開発や技術開発をプロジェクトとして捉え，目標達成のために考えうる障害，想定されるリスクを取り上げ，そのリスク回避，対応策までを加味した実施計画の手法として，新QC七つ道具（new seven tools）の一つであるPDPC（process decision program chart）がある．

■製品戦略の策定

これまで製品開発のマネジメントを中心に述べてきたが，最後に，コンティンジェンシーの領域にある製品企画段階で有効と思われる手法を紹介しておこう．まず，製品プロダクトポートフォリオ・マネジメント（PPM：product portfolio management）では，自社の現有の事業を，対象市場の成長率（事業の魅力度）とその事業におけるトップ企業に対する相対市場シェア（自社の市場地位）の二つの次元で位置づけ分類するものである．事業の組み合わせの適否と，事業の優先順位や資源配分の決定に結びつける方法である．図9.6にその例を示す．

各事業の円は，その半径を売上高の平方根に比例させた売上高の大きさを示す．製品（事業）の多くは，問題児（problem child）で出発し，成功すればスター（star）となり，市場成長率が鈍化するに従って金のなる木（cash cow）となるのが理想的である．中には適切な資源の配分等の戦略がうまくできず，問題児から負け犬（dogs）になる可能性もある．したがって，金のなる木を資金源とし，スターや成功できる問題児に資金を投入し，負け犬や有望でない問題児

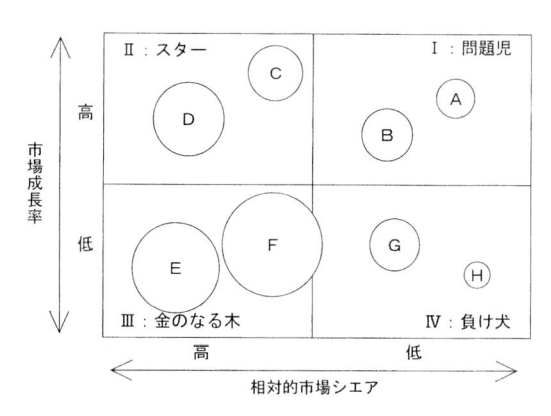

図9.6 製品プロダクトポートフォリオ・マネジメント（PPM）の例

を撤退させることが，戦略策定の鍵となる．これは図9.6の中で既存の事業はどの位置にあり，次期の開発ではどの方向を目指すのかを明確にするのに有効である．

■**製品分析・市場分析**

次は，図9.7にその例を示す製品分析（product analysis：競合分析），市場分析（market analysis）である．製品分析では，まずライバルがどのような企業でどのような製品，商品かを知ることであり，一般に競合分析と呼ばれるものである．競合各社の製品そのもの，価格，カタログ，販売・サービス等に関する情報を収集し，客観的な比較評価の対象品となるものを取り出し，なるべく定量的な比較の方法を決めて表形式で整理する．重要な要因（図の例では，出力/サイズ）が明確な場合にはそれを取り出し，自社を含めて各社の位置をマッピングすることによって，時系列な変化を含めポジショニングを視覚的に比較する分析がよく用いられる．これにより開発すべき製品仕様のねらうべき方向を見定めようとするものである．

一方，市場分析では，購買決定要因（基本性能，信頼性，付加サービス，価格，納期等）を把握し，市場をセグメント化（market segmentation：細分化）した上，セグメントごとにどの購買決定要因が重要かをまとめたものである．これと製品分析の結果から，どの購買決定要因に自社の優位性あるいは弱みがあるかという対応から，ターゲットとする市場セグメントはどこか，そのセグメントをターゲットとしたとき，次期開発でどのような強化，補完をすべきか，という

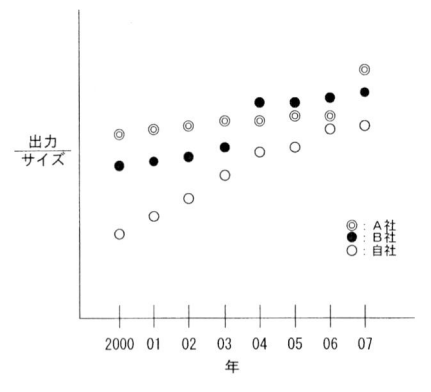

購買決定要因	セグメント				
	I	II	III	IV	V
基本性能	△	△	◎	○	
信頼性	△	◎	○	△	○
メインテナンス体制		○	△		○
付加サービス				△	◎
価格	◎			△	△
納期	○	○		◎	
納入実績			△	○	△
推定市場規模	xxx	xxxx	xxx	xxxx	xx

◎：最も重要　○：重要　△：やや重要

図9.7　製品分析（左）と市場分析（右）

図 9.8 SWOT 分析のフォーマット

示唆を得るものである．

　競合各社と優位性の比較に加えて，社会の動向や政治経済の変動が自社にどのような影響を及ぼすのかも明確にすることを目的とするのが SWOT 分析である．自社の強み（S；strength）と弱み（W；weakness），さらに自社事業にとってのビジネスチャンスの意味での機会（O；opportunity）と逆に脅威（T；threaten）を，間接的要因，直接的要因を挙げて分析する方法である．"将来の環境変化を含めた敵を知り，己を知る"ことによって，戦略そのものの策定を補強するとともに，強みと弱み，機会と脅威を見越した上でのそれを実現する方策である戦術策定への橋渡しとなる役割をもつ．

　図 9.8 にそのフォーマットを示すように，十字チャートと呼ばれるワークシートを用意し，自社の強みとなる機会要因と，弱みとなる脅威や不測事態となりえる要因に分類する．このような表を用意することによって，製品開発戦略立案に際してはともすれば強みや利点ばかりが強調されるのに対して，弱点や脅威も抽出し，それに対する対応も予め手の内に用意しておくことができる．

■特許戦略

　最後は，特許（patent）情報である．開発した技術は特許で防衛すべきであるが，いくら開発してもその前に他社の特許になっていれば折角の苦労も水の泡と帰す．製品開発，技術開発に着手する際にはその前に関連の特許情報を知ってお

表 9.4　新商品開発

1. 開発体制

中項目	回答欄	レベル1	レベル2	レベル3
① 開発戦略の明確さと資源の確保		特に中長期の開発戦略・目標をもってなく、その場しのぎの開発に追われている	一応の中長期のビジョン・シナリオがあるが、資源確保の計画とリンクしていない。	中長期の開発戦略と、資源獲得の計画が策定されている。
② 特許戦略とパートナーシップ		特許申請についてノウハウをもっていない	特許申請についての経験があり、特許申請の奨励は一応行われている	明確な特許戦略のもとで、特許取得の体制が整備されている。
③ 技術と市場のマッチングとベンチマーキング		新商品開発にあたって自社シーズだけに基づくひとりよがりの傾向がある。	自社シーズとそのターゲット市場のマッチングは考慮されている。	レベル2において、ターゲット市場で競合する他社のベンチマーキングが行われている。
④ 顧客・市場のニーズ把握と関係		顧客・市場のニーズを把握していない、取り入れていない	顧客・得意先のニーズは理解しているが属人的な暗黙知化している。	顧客・得意先のニーズについて営業とも連携して把握されている
⑤ サプライヤーとの連携関係		サプライヤーとは短期的な契約関係で技術や品質上の情報もあまり把握していない	サプライヤーの選定に際しては、技術およびQCDを十分評価した上であるが、開発時の情報共有は気薄である。	開発時に緊密な情報共有があり、場合によっては技術支援も行っている。
⑥ 人材育成と開発組織		特に開発を意識した人材育成プログラムは存在しない。	人材育成や教育プログラムはあるが、どちらかと言えば場当たり的である。	将来計画に基づく必要な技術の洗い出しとその育成プログラムが整備されている。

2. 計画・実行力

中項目	回答欄	レベル1	レベル2	レベル3
① 企画の質		どちらかと言えば思いつき的な新商品企画になっている。	一応の市場分析や取引先のニーズ把握がなされ、自社のシーズに基づく企画がなされているが、それも場当たり的である。	レベル2の手順が標準化されている。その一方で形骸化した問題もあり、それが有効な企画を阻んでいることもある。
② 生産技術力		生産技術力不足で企画の質を下げてしまう	→（レベル1と3の中間）	企画の狙いを満足できる生産技術力を持っている
③ 設計開発のプロジェクトマネジメントと進捗管理		プロジェクトマネジメントの考え方がなく、進捗管理もあいまいである。	一応の納期目標は策定されているが、そのためのマイルストン設定等の管理があいまいである。	納期目標や品質目標とそれを達成過程のマイルストンも設定できているが、それを確実にするための方策がとられていない。
④ DR（デザインレビュー）の実施とその質		そもそもDRという考え方そのものがない。	DRの考え方は知っているが、その実行は定着していない	部門横断的なメンバーの参加によるDRが定着化しているが、定期的な見直しは行っていない
⑤ 品質保証の体系化と信頼性の確保		品質保証の体系がなく、信頼性確保の体制も十分ではない。	一応の品質保証の体系図はあるが、それが有効に機能しているかわからない。	品質保証の体系は整備され、問題点の前出しと流出防止の考え方もかなりできている。
⑥ コンカレントエンジニアリング体制と源流管理の徹底		開発に関連した部門・組織間の情報共有ができていなく、プロセスがシークエンシャルになっている。	開発期間短縮のために、開発プロセスのオーバーラップの必要性は意識されている。	レベル2の実現のために社内の部門間の情報共有のしくみがなされている。
⑦ デザインラショナーレの実施と次期開発へのフィードバック		設計開発プロセスの記録はほとんど残していない。	設計会議の議事録等は残しているものの、そこから問題点を見出し次の開発に活かされることはほとんどない。	設計会議等の議事録が次へ次期開発へのフィードバックをねらった書式になっており、かなり実践されている。

スコアカード (Ver.3.3)

レベル4	レベル5	備考(言葉)
レベル3のシナリオのもとに,必要な先行技術開発もなされている。	中長期戦略のもとで,自社技術の強みや弱みと市場動向の分析が行われ,先行技術開発と個別の新商品開発がリンクされている	
自社特許だけでなく,パートナーシップ等,開発ポートフォリオとリンクした戦略が確立されている。	レベル4に加えて,特許マネジメントが新商品開発や技術開発の質向上を支援する形で企業経営に寄与するものになっている。	・開発ポートフォリオ:自社の新商品開発で行うだけでなく,他社との共同開発や提携等の開発をミックスさせることによる開発リスクの分散や最適化を図る戦略。
自社シーズの強み,弱みを知った上で,既存のターゲット市場に加えて新たな市場を開拓する視点がある。	世界的な競争を視野に入れたベンチマーキングと市場調査を行い,それに基づく技術開発と市場開発が体系的に行われている。	・ベンチマーキング:競合他社やベストプラクティスと思われる企業の商品の品質,コストあるいは開発のやり方を調査し,自社の位置付けや強み,弱みを知ること。
レベル3が系統的に行われ,開発後の情報も常にフィードバックされ,次期商品開発に活用できる仕組みがある	レベル4の体制のもとで,顧客への提案型や連携のもとでの双方向の開発が行われている。	
レベル3のことで,開発プロセスのオーバーラップや同時進行に結びついている。	レベル4に加えて,それが相互学習につながり恒常的な win-win 体制になっている	・win-win:サプライヤーや顧客と連携することにより,メリットを引き出しそれを共有すること。ゲインシエリング。
レベル3に加えて,必要技術のマップと現状レベルが把握され,かつ多専門化プログラムが連動している。	レベル4に加えて,全体を見渡せるプロジェクトマネジャーも育成でき,状況に応じた開発チームや組織形態がうまく絡め機能している。	

レベル4	レベル5	備考(言葉)
レベル3の問題を克服するために同時に独創的アイディアをいかすためのしくみをもっている。	企画立案のための標準の見直しが常に行われ,同時に独創的アディア創出のための人材育成と風土ができている。	
→ (レベル3と5の中間)	高い生産技術力で企画のねらい以上の質を高めている	
レベル3の問題点を克服するために進捗計画(例えばPDPC法の活用)と管理のしくみある。	レベル4+設計変更や進捗情報の情報共有の体制があり,不測の事態にもリーダーによる調整とれる環境ができている。	・PDPC (Process Decision Program Chart):事前に考えられる様々な結果やリスクを予測し,チャート化して進行を望ましい方向に導くことを意図したN7の手法。
DRが形骸化しないように新商品開発ごとに参加メンバーや実施時期・回数見直している。	レベル4に加えて,有効なDRにするために必要な情報をデータベース化し,支援システムも整備されている。	・DR (Design Review):デザインレビュー.設計審査.設計過程の節目で部門横断的メンバーにより,性能,機能,信頼性等について審査し問題点の摘出や改善を行うこと。
レベル3に加えて,重要品質や製品信頼性に関わるものに,FMEAや信頼性解析が用いられている。	レベル4に加えて,源流管理を徹底したコンカレントエンジニアリングのもとで,開発から製造,営業まで一気通貫の品質保証体制になっている。	・FMEA (Failure Mode and Effect Analysis):設計や工程の不完全や潜在的な問題点を見出すために構成要素の故障モードとその上位システムへの影響を解析する手法。 源流管理:問題の発生を防ぐためにその原因の源流に遡って対策をとる考え方。
レベル4が社内だけでなく,サプライヤーや得意先を含めたコンカレントな活動になっており,常にブラッシュアップされている。	レベル4のコンカレント体制が,顧客ニーズの取り込みや,環境負荷軽減も考慮に入れものとなっており,業界NO.1の短納期,コストを実現している	・コンカレントエンジニアリング:新商品開発のプロセスを順次行うのではなく,プロセスをオーバーラップ,並行化することによって開発リードタイム短縮を図る方法論。そのためにはプロセス間の情報共有や問題点の前出し活動が不可欠となる。
レベル3に加えて公式な設計会議だけでなく,インフォーマルな設計変更等の意思決定時にも拡大され効果を上げている。	レベル4に加えて,過去の履歴の反映だけでなく,進行中の開発にも情報共有のしくみとして活用されている。	・デザインラショナーレ:設計開発プロセスの過程における設計会議等の記録(議題,仕様や方法等の代替案,議論の内容,決定の理由・合理性))を整備・し,次の開発に有効利用する考え方。特に失敗経験の活用に有効。

3. 開発パフォーマンス

中項目	回答欄	レベル1	レベル2	レベル3
① 新商品の質, ワクワク度		新商品に対する顧客満足度は低くクレームが多く, その対応に追われていることが頻発している	市場, 顧客からの評価はあまり高くないが, 不満は必ずしも多くない	既存事業, 既存市場を対象とした新商品についての市場, 得意先からの評価は高いが, 革新的な価値をあたえるような新商品開発には苦戦している.
② 開発リードタイムと納期		開発途中で手戻りが頻発する等で, いつも開発納期が守れない.	→ (レベル1と3の中間)	顧客の要求や予定納期はほぼ達成できているが, それが合理的開発期間であるかどうかは判断できない.
③ 開発効率(フロントローディングの活用度)		開発効率は評価していないし, 開発工数も測定していない.	開発工数は測定している.	開発工数を効率化するために, フロントローディング等の工数のかけ方の計画も工夫している.
④ 原価企画の実施と質		目標原価という考え方やその達成のための活動はされていない.	調達を中心にVE活動はおこなわれているが, 源流段階でのコストの作り込みはできていない.	目標原価の考え方があり, 源流でコストの作り込み活動が行われている.
⑤ 環境対応設計の質		商品開発・設計において特に環境問題について配慮していない.	一応の環境への配慮はあるが, DFE(環境対応設計)のための基準やルールは整備されていない.	DFEに関する指針やルールがあり, 実行されている.
⑥ 初期流動管理の長さ		生産技術力の不足もあり, 新商品を立ち上げ後トラブルが頻発し安定するまでにいつも長期間を要している.	→ (レベル1と3の中間)	初期流動について生産技術の役割を含めた明確な指標をもっており, 新商品開発の都度改善施策がとられている.

4. ツール／情報技術の活用の仕方

中項目	回答欄	レベル1	レベル2	レベル3
① QFDの活用度		QFDを知らない, 知っていても使用していない	品質表等を一部導入しているがあまり組織的に使われていない.	要求品質の把握から出発し, 設計特性, 部品, 工程への展開などの一連の機能展開表を作成している
② DFM情報, MP情報活用度		商品設計や設備設計において過去のトラブルや問題点の情報が活用できるしくみができていない.	製造・組立容易性設計やメインテナンスのし易い工程設計の考え方はあるが, 属人的なノウハウに頼っている.	チェックリスト程度のノウハウ集は整備され, 実践されている.
③ FMEA等信頼性手法やロバスト設計(品質工学)の活用		新商品の信頼性という考え方そのものが気薄で, 市場投入後の信頼性問題のトラブルが頻発している.	開発時に信頼性を確保する考え方はあるものの事前の問題摘出のための具体的な手法は用いられていない.	重要部品については FMEA や FTA, 信頼性解析の手法が用いられている.
④ CAD(2次元, 3次元), CAEの有効活用度		CADやCAEの導入の必要性がありながら未導入であったり, 導入しているものの効果を出せないでいる.	必要なところにはCADやCAEを導入しているが, ブラックボックス化現象もあり部分的な効果しか発揮できていない	CADやCAEの導入が, 開発設計のスピードアップやシミュレーション技術による問題点の前出し一応の効果に結びついている.
⑤ 技術データベースの整備とPDM		図面の書き方や番号も部署や人によって異なる等, 技術データの再活用が全くできていない.	技術や製品モデルのデータベース(含む紙ベース)と呼ばれているものはあるが, その活用はうまくできていない.	図面番号のワンナンバー化等の構成管理の一応のしくみがあり, レガシーデータの活用がある.
⑥ 技術データ交換のデジタル化の程度と標準化		開発を連携するパートナー間において図面の標準化やデジタル化に対応できていない.	双方の情報共有を促進するためのいくつかの標準化や共通化はできている.	デジタル情報でのデータ交換も一部なされているが, 個別でしか通用しない専用標準であり効果は限定的である.

レベル4	レベル5	備考(言葉)
レベル3について,既存商品の枠を越えた革新的な価値をもたらす開発を,市場・得意先から期待され,かなり対応できている.	既存市場にない市場や得意先に想定外の"ワクワク感"を与えるような革新的な新商品が,コンスタントに開発できている.	
→ (レベル3と5の中間)	必要な要素技術の先行開発等の戦略とコンカレントエンジアリングのしくみ整備により,短納期にも対応できる業界No.1の瞬発力を有している.	
レベル3に加えて,問題点の前出し活動の影響(下流で発見する程級数的にコストがかかる)も評価している.	レベル4の実践を通して常に開発工数の見直しや,効率アップが実現されている.	・フロントローディング:源流管理や問題点の前出しやそのための情報共有を進めるために新商品開発プロセスの前工程になるべく工数を多くかけること. 源流管理:問題の発生を防ぐためにその原因の源流に遡って対策をとる考え方.
レベル3の取り組みの方法論が,商品設計,つくり方,買い方(調達)のそれぞれの側面から体系化できている.	レベル4の取り組みにより,ほぼ完全に目標必達の状況が続いている.	・原価企画:新商品の企画,開発の段階で,原価目標を戦略的に設定し,これを達成するための設計,つくり方,買い方の観点からのコスト作りこみ活動. ・VE (Value Engineering):広義のVA (Value Analysis).最低のライフサイクルコストで,必要な機能を達成するための商品の機能分析とそのための組織的活動.
レベル3に加えて,環境負荷に与える影響を定量的に評価しその削減の取り組みがなされている.	レベル4のことが,商品の使われた方を含めたライフサイクルにわたるスコープで評価され,製品設計,購買,生産,マーケティングに活かされている.	・DFE (Design For Environment):環境対応設計.解体性,分離性,識別性,再利用性,安全性,処理安全性等の環境負荷や再利用性,リサイクル率を高めるための設計.
→ (レベル3と5の中間)	強い生産技術と源流管理の徹底に支えられ,初期流動期間を限りなくゼロに近づけている(垂直立ち上げ).	・源流管理:問題の発生を防ぐためにその原因の源流に遡って対策をとる考え方.

レベル4	レベル5	備考(言葉)
レベル3において,部門間の情報共有や問題点の前出しの道具として全社的にうまく機能している.	レベル4の進化形として,自社独自の工夫を盛り込んだ使い方やシステム化がなされている.	
DFM情報やMP情報としてデータの収集と活用が体系的に行われている.	レベル4がナレッジマネジメントのシステムとして,大きな効果を上げている.	・DFM (Design For Manufacturability):製造容易性設計.設計自体を製造や組立し易い設計にすることで品質や製造効率を高める設計.DFA (—Assembly)も同義. ・MP (Maintenance Prevention)情報:既設設備や工程の故障や不具合とその改善の情報およびそのデータベース.新設備や工程の設計に盛り込むことを目的とする.
レベル3において,重要部品の定義が明確にできていて,ロバスト設計のための品質工学の活用もできている.	レベル4に加えて,SQCと品質工学を組み合わせた最適な信頼性設計がなされ,工程設計についてもFMEA等の効率的活用がなされている.	・FTA (Failure Tree Analysis):信頼性又は安全性上その発生が望ましくない事象についてその発生経路・原因を樹形図の形でトップダウンに描き解析する手法. ・品質工学:タグチメソッドとも呼ばれる.その中のロバスト設計では,コントロールできない誤差因子を設計時に想定し,その変化に対して特性値が安定な制御因子を実験計画やシミュレーョンにより見出し,設計パラメータの最適化が図られる.
レベル3により,試作回数の削減やコンカレントエンジリングのツールとしてうまく機能している.	レベル4において特に3次元CADと独自のノウハウも入れ込んだCAEにより試作レス等の劇的な効果を出している.	・CAD (Computer Aided Design):コンピュータ援用設計.設計の効率化や3次元CADでは源流での製品イメージの共有や構造・熱解析や干渉チェック等が可能. ・CAE (Computer Aided Engineering):3次元CADデータからシミュレーション技術による様々な設計パラメータの最適化の解析や金型等の自動造形等の技術の総称.
レベル3において,情報・データがデジタル化され,活用のための一元管理ができている.	レベル4のPDMが,激しい技術の変化にも対応でき,十分有効活用ができる構成管理システムまでに高められている.	・PDM (Product Data Management):製品開発に関する技術情報を管理・活用し,関係各部署間で必要な情報を必要な時に必要な場所に提供・共有するための情報技術.
レベル3から,インターネットの活用やオープン標準による交換も視野にあり,効果を上げている.	機密性も考慮しながら最大限にオープン標準を採用し系列を超えたwin-win関係の効率的データ交換も可能にしている.	

くことが不可欠である．これには，特許庁が無料で提供している特許電子図書館（IPDL）（http://www.ipdl.jpo.go.jp/homepg.ipdl）より特許情報を検索し，閲覧することができる．ここでは，特許をはじめ，実用新案，商標，意匠等の情報を調査，閲覧できる．

9.5　新商品開発スコアカード：NPDSC

　自社の新商品製品開発力（ここでは新製品の代わりに新商品という用語を用いる）の簡易ベンチマーク手法として，サプライチェーンマネジメントのLSCと同様に，NPDSC（新商品開発スコアカード）がある．表9.4に示すように，開発体制，計画・実行力，開発パフォーマンス，ツール/情報技術の活用の仕方という四つの大項目，全部で25項目からなる．いずれの項目もレベル1からベストプラクティスに相当するレベル5の内容記述があり，自社の状況に当てはまるレベルの値（中間の場合には，0.5の単位で回答）を選ぶことによって自己評価ができるようになっている．

　NPDSCについても，約500社のデータベースが構築され，これもLSCと同様に，このデータベースに基づく自動診断システムによる業種・業界別のスコアの順位や，新商品開発力をあらわす開発戦略組織力，開発生産技術力，ツールICT活用力の三つの独立した軸上での相対的な強み・弱みを視覚化したベンチマーク情報の提供サービスがある（http://www.ie.me.titech.ac.jp/lab/enkawa/index-j.html）．またNPDSCの活用例としてLSCと同様に共通認識の醸成のためのギャップ分析があり，同一企業内の階層の異なるメンバーで自己評価を行い，メンバー間の認識ギャップを定量的に"見える化"するためにも利用できる．

　当然のことながら，業種・業態によって求められる新商品開発力やそのレベルは異なってくる．図9.9は，データベースにある企業の業種別の平均値を，三つの能力のうち，開発戦略組織力と開発生産技術力の組み合わせの軸上にプロットしたものである．要求品質の複雑性が高く（横軸），ハイテク（縦軸）の業種ほどこの二つの能力の平均値が高いことがわかる．そして，ツール/ICT活用力については，一般にプロセス産業に比べて機械・組立産業が高いという傾向がある．またSCMの場合と同様に，SCM組織力に対応する開発戦略組織力が高く

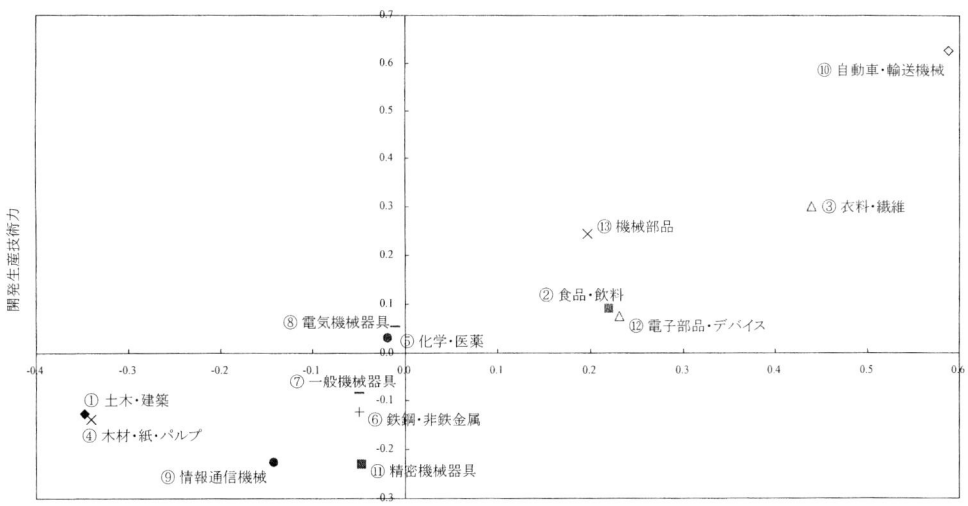

図 9.9 開発戦略組織力と開発生産技術力の業種平均の布置

ないと，他の能力が優れていても経営成果に結びつかないという分析結果も示されている．

【演習問題】

9.1 コラム 9.2 について，一般にわが国はインテグラル型の製品開発や生産には強いが，モジュール型製品には弱いといわれている．その原因はどこにあると考えられるか．また 10.5 節に紹介されている日本文化と関連があると思われるか．

9.2 わが国の製品開発の仕方の特徴として，関係するメンバーが 1 カ所に在籍する"大部屋方式"というのがある．この"大部屋方式"のメリットとデメリットを挙げよ．

9.3 新製品開発時の品質やコストのつくり込みにおいて，部品の共通化や DfX，VR を適用する際，その「副作用」と思われる留意点は何か．

10 TOC（制約理論）と日本文化

本書をしめくくるにあたり，生産マネジメントの最適化を図る TOC の考え方を紹介しよう．QCD についていくらすばらしいオペレーションズ・マネジメントを実行できても，それが企業の経営成果に結びつかなくては意味がない．日本モデルをベンチマーキングすることで誕生した TOC の全体最適の考え方を知り，同時にわが国の固有文化と照らし合わせることによって，日本モデルの弱点を補完し，同時に強みを再認識することができる．

10.1 TOC とは何か

TOC（theory of constraints：制約理論）とは，企業・組織のゴールをまず明確にし，現在そのレベルを決めている制約条件に焦点をあて，制約条件の最大限の活用と強化を図ることだけが，企業・組織がゴールに近づく全体最適の方法であることを教える，現在企業におけるシステム改善の哲学といえる．もともとはイスラエルの物理学者であった TOC の考案者である E. ゴールドラットが，1980 年のはじめに生産スケジューリング用のソフトである OPT（Optimized Production Technology）を開発し，そこで用いられているボトルネック資源の活用ロジックを，システム改善や企業経営に発展，拡張させていくことによって，TOC の全体体系が構築されたものである．

TOC をシステム改善の経営哲学として不朽な地位に押し上げたのが，1980 年代半ばの空洞化が進行した米国製造業の生き残りをかけた奮闘を描いた"The Goal"である．1992 年に第 2 版が刊行されるや，全米でベストセラーになり，今や「トヨタ生産方式」とともに，世界レベルでの生産企業の経営のためのバイブルとしての地位を占めている．わが国でも，英語版に 10 年遅れて，2001 年に『ザ・ゴール』として邦訳版が出版されると，広く知られることなった．

世界中で話題を呼んだ"The Goal"が，なぜ10年間も日本語に翻訳出版されなかったかについては，「日本人は，部分最適の改善にかけては世界で超一流だ．その日本人に，"The Goal"に書かれている全体最適の手法を教えてしまったら，貿易摩擦が再燃して世界が大混乱してしまう」というゴールドラットの意向により，出版が許可されなかったともいわれている．その真偽はともかく，高度成長時代に威力を発揮したわが国製造業の絨毯爆撃的な改善も，バブル崩壊後，低成長の時代に突入したことにより，TOCが教える制約条件を外した改善は経営効果に結びつかないことを実感させられることになったのは確かである．

　ようするに，TOCは，わが国の先進製造業が編み出した新しい仕事の仕方であるJITやTQCに代表される改善を，徹底的にベンチマーキングし，その考え方を取り込み，製造のみならず企業活動全体に普遍化しながら，それらの努力のベクトルを企業・組織全体のゴールに向かうような体系を形式知したものであるといえる．本章では，TOCの制約条件の考え方に基づくシステム改善の5ステップを中心にした全体最適の考え方を紹介し，TOCが教えるわが国のオペレーションズ・マネジメントの弱点について紹介し，そしてその意味するところをわが国固有の文化の観点から省みることにする．

10.2　企業のゴールとスループットの世界

■企業の"生産性"

　TOCの営利企業の最適戦略は論理的でかつ単純明快である．営利企業のゴールは"お金（キャッシュ）を稼ぎ出す"ことである．日常あちこちで"生産性"（productivity）という言葉や評価尺度が使われ，その実績による評価やその向上を図る活動が行われている．しかしながら，その中でTOCでは企業のゴールに向かっている活動だけが"生産的"（productive）であるという．たとえば，ある製造工程で改善や設備投資により時間生産性が上がっても，その結果次工程との間に在庫を積み上げているだけでは売上増に結びつかず，生産的とはいえない．

　それでは企業や組織がゴールに向かっているかを判断する指標は何か．それが，図10.1に示す，

　T　：スループット（throughput：販売を通して金を生み出す速度），

営利企業のゴール：Making money

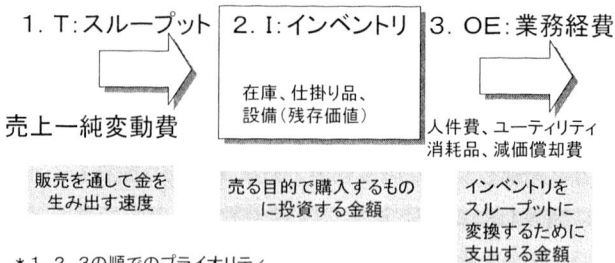

1. T：スループット　2. I：インベントリ　3. OE：業務経費

売上－純変動費　　在庫、仕掛り品、　　人件費、ユーティリティ
　　　　　　　　　設備（残存価値）　　消耗品、減価償却費

販売を通して金を　　売る目的で購入するもの　インベントリを
生み出す速度　　　　に投資する金額　　　　　スループットに
　　　　　　　　　　　　　　　　　　　　　　変換するために
　　　　　　　　　　　　　　　　　　　　　　支出する金額

＊1、2、3の順でのプライオリティ
＊1を増加させ、2、3を減少させているか
＊この3つがあれば他の経営の意思決定に必要な指標も導ける
　例：純利益＝T－OE、　ROI＝(T－OE)/I

図10.1　企業がゴールに向かっているかの評価尺度（measurements）

　I：インベントリーまたは投資（inventory：売る目的で購入するものに投資する金額），

　OE：業務経費（operating expense：インベントリーをスループットに変換するために支出する金額）

の三つの指標である．その中でTを増加させることが何より第一に重要であり，続いてI，OEを下げることである．もともとTOCは，まずコスト，特にOEを削減するリストラ批判がその根底にある．極端ないい方をすると，OEを削減することを第一にするとその理想は0であり，それは事業をやめることである．それに対してTの理想は無限大であり，いくらでも可能性がある．Iを下げてOEの増加を最小限に抑えながら，Tの増加を図ることが企業のゴールであり，それにより従業員の活力も生み出すという好循環が生まれくる．

■スループットの世界

　具体的にはスループットTは，売上から材料費に代表される純粋な変動費を控除した

$$T＝売上（製品の場合には売価）－純変動費（原材料費）$$

で定義される．貢献利益や付加価値に近い指標であり，人件費や間接費はすべてOEにカウントされる．Iは在庫，すなわち棚卸資産に代表される資産に相当する．この三つから，純利益＝T－OE，ROI＝(T－OE)/Iというように，経営の意思決定に必要な指標も導くことができる．

10.2 企業のゴールとスループットの世界

それでは短期的，長期的にTを増加させるにはどのようにすればよいか．これを教えてくれるのが，図10.2に示す鎖のアナロジーである．企業におけるスループットに相当する鎖のゴールは全体強度である．その全体強度は，個々の鎖のリンク（諸活動）の強度の和ではなく，一番弱いリンクによって決まってくる．この現在の全体強度を決めている一番弱いリンクが制約条件であり，その強化だけがゴールである全体強度の向上につながる．すなわち現在の企業のゴールを決めている制約条件は何か，そしてこれを着眼したマネジメントがスループットの世界と呼ばれる．

これに対してOEに代表されるコストは，鎖の全体重量に相当する．全体重量は個々のリンクの重量の足し算で決まる．全体重量を軽くしようと思えば，個々のリンクの重量を軽減することで，その総計として全体重量が軽減される．これがコストの世界である．もちろん，同じ全体強度で鎖の重量が軽いことに越したことはない．しかしながら鎖を軽くすることばかり考えて，本来のゴールである強度を損なっては本末転倒である．

なお，図10.2にあるスループットの世界の1対99（あるいは999ともいわれる）の法則というのは，改善活動において1に相当する制約条件を外せば，残りの99の活動を改善・強化しても成果（スループット）に結びつかないというものである．従来効率的改善やマネジメントに指針を与えてきた重点指向を意味するパレートの原則，すなわち20％の活動（項目）が全体の問題の80％を占める20％-80％ルールも，結局は足し算が成り立つコストの世界のロジックであり，

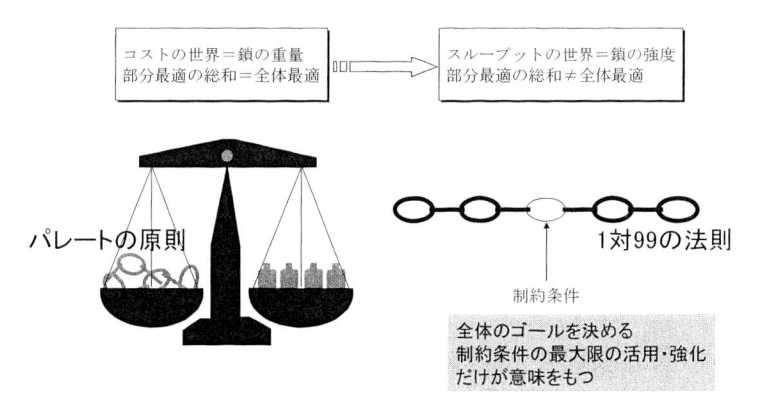

図10.2 コストの世界とスループットの世界：鎖のアナロジーによる全体最適の考え方

スループットの世界では通用しないというものである．

10.3　システム改善の5ステップと DBR

■**システム改善の5ステップ**

　スループットの世界の価値観を，さらに制約条件の能力を最大限に活用するための最適化を図るという考え方を加えてマネジメントサイクル化したものが，①制約条件を発見し，②これを現条件下で最大限に活用し，③非制約条件を制約条件に従属させる，④制約条件の能力を高める，⑤惰性（inertia）に注意しながら①に戻る，という図10.3に示すシステム改善の5ステップ（five focusing steps）と呼ばれるものである．

　現在の企業のゴール，スループットを決めている制約条件を見出し，現在の制約条件の実力のもとで短期的にもそれを増加させるために，ステップ②，③がある．たとえば，需要に対して手不足状況である工場の場合，制約条件は工場全体のスループットを決めている工程・設備の能力である．そこで"制約条件の1時間は工場全体の1時間"という立場から，ステップ②ではその設備だけは昼休みも稼動させるとか，不良品を加工させないためにその前に検査工程を置くような対策を意味する．

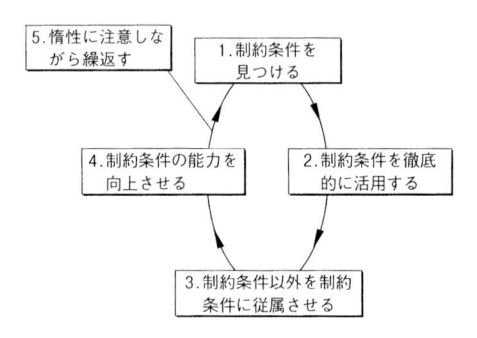

図10.3　システム改善の5ステップ

■ **DBR**

　ステップ③は，資源の有効活用を図る運用面からの最適化の方策であり，DBR（drum buffer rope：ドラム・バッファ・ロープ）と呼ばれる．これは冒頭に述べた TOC の原点である OPT のロジックに基づくものであり，"制約条件

10.3 システム改善の5ステップとDBR

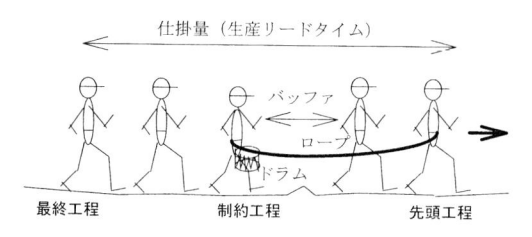

図10.4 DBR（ドラム・バッファ・ロープ）のアナロジー表現

を変動から守り，非制約条件は制約条件に従属させる"ということである．ここで変動とは，TOCではより一般的によく"マーフィー"（Murphy：厄介なもの）という言葉が使われる．工場の場面でいえば故障であるとか，不良発生といった不確実事象を指す．このDBRのロジックは，図10.4に示す一人一人の少年が各工程に相当するボーイスカウトの行進のアナロジーで説明される．

この行進のゴールは，スループットに相当する一定時間内になるべく距離を稼ぐことであり，制約条件は一番歩行速度が遅い少年である．またそのときインベントリーに相当する隊列の長さをなるべく短く保つことである．制約条件の歩行距離によって隊全体の距離が決まる．隊列の長さを短く保つためには，制約条件の少年にドラムをもたせ，その拍子で列全体が行進する．加えて先頭の少年との間にロープを結び間隔が空くのを防ぐ．そして制約条件よりも速い能力をもつ非制約条件といえども，いつ"マーフィー"が襲ってくるかもしれない．たとえば制約条件の前の少年が石につまずいて転倒するというような変動である．制約条件の前の少年が転倒した場合でも，制約条件の歩行を妨げないように一定の間隔（バッファ）を設ける．すなわち，先頭の少年とを結ぶロープにその分だけのゆるみ，すなわちバッファをもたせる．これがDBRのロジックである．

製造の場面でいえば，ドラムの拍子は生産指示または先頭工程への材料の投入間隔であり，ロープの長さは先頭工程から制約条件までのリードタイム，あるいは仕掛品の在庫量である．このようにスケジューリング面でも制約条件の能力を最大限に活用し，スループットを最大にし，かつインベントリーを小さく抑えようというものである．

そしてステップ④は，たとえば制約条件の能力自体をアップさせるような時間やコストをかけても改善や強化対策をとることである．そうすれば今度は制約条件が別の資源や組織に移行するはずであり，そのことを踏まえてステップ⑤の惰

性に気をつけながら，ステップ①に戻る，というようなサイクルが回される．

これまでの説明では，制約条件が工場の中にありそれも物理的な能力を想定した話であったが，現在のスループットを決めている制約条件が，市場であったり，技術であったり，また方針制約と呼ばれる組織慣習や制度であったりする場合も多い．そのような場合には，5ステップの運用はロジックとして明確さをやや失うが，制約条件そのものを組織として認識することがまず重要である．また制約条件を解消する前に，ステップ②，③で，現状で制約条件をどのように活用するか，を検討し，そして制約条件を最大限に活用するために他の要素をそれに従属させる，というような運用をすれば，制約条件が制約条件でなくなることも多い，ともいわれている．

Column 10.1

TOCの日本モデル批判

　このような企業がゴールに向かうための全体最適のマネジメントサイクルは，TOCが乗り越えようとしたJITやTQCのようなわが国生まれの改善アプローチとどこが異なるのであろうか．「変化の時代」の新しい仕事の仕方を提起したわが国生まれの改善アプローチを日本モデルと呼ぶことにしよう．①から④へのショートカットは，ボトルネック（弱点，潜在するムダ）を発見するしかけ（たとえば，目で見る管理，かんばん）のもとで，それが顕在化すると直ちに対策をとり，次に条件をさらに厳しくして別の弱点を顕在化させるというJITの改善ロジックに相当する．

　しかしながらゴールドラットは日本モデルの優位性を認めた上で，図10.3のシステム改善の5ステップから次の2点で日本モデルを批判している．たとえばJITでいうボトルネックは，TOCでいうスループットを決めている制約条件とは限らず，多くの場合，モノづくりにつきものの"偶発的な"故障や不良の発生等の統計的変動にすぎないというものである．これに前述したように"マーフィー"（厄介なもの）という言葉を使っている．別の言葉でいえば，日本モデルの改善対象は，スループットに対する直接的な制約条件ではなく，在庫削減や品質向上といった間接的なものであり，この点でスループットの縁の活動であるとしている．

　さらに制約条件の1時間は工場全体の1時間という立場から，短期的にも運用上でスループット向上を図るステップ②，③の欠落を指摘している．すなわち現状の制約条件の実力でその最大限の活用や，運用上の最適化やリスクマネジメントの考え方が欠落している．そしていたずらに"マーフィー"の存在を否定（不良0，在庫0という目標での改善活動）すること自体が，非現実的という批判をしている．

利益に直結する制約条件を外して"マーフィー"の存在を否定し,"乾いた雑巾をさらに絞る"式の格闘をしても意味がないという批判である.ただしこの部分については,後述するように背景にある国の文化の違いによるものである.他国では真似できない不良 0,在庫 0 を目指した組織的改善ができる,わが国独特の"強み"にも相当するものではないだろうか.

10.4　方針制約とスループット会計

　現実には,物理的制約条件よりも,組織制度やポリシー上の制約条件,方針制約(policy constraints)の方が多いといわれる.また制約条件が市場にある場合にも,その真の原因を突き止めれば(たとえば後述の思考プロセスを用いて),組織内部の方針制約にいきつく場合も少なくない.現在の企業組織にある程度普遍的な方針制約の代表例が,『ザ・ゴール』や様々な TOC の著作の中でゴールドラットが指摘する標準原価計算制度である.そしてこれに代わる意思決定の方法として TOC ではスループット会計が推奨される.

■スループット会計

　スループット会計(throughput accounting)とは,"制約条件の 1 時間は工場全体の 1 時間"という命題をもとに,製品別のスループット(売価マイナス材料費)を,その製品の制約条件の工程(以下,制約工程)で必要とする加工時間で割った時間当たりスループットに着眼した意思決定法である.たとえば,工場で生産する製品ミックス(どの製品を何個つくるか)を考える場合,制約工程の時間当たりスループットが大きい製品を優先させるというもので,そうすれば同じ能力に対して総スループットは大きくなる.

　スループット会計の今ひとつの特徴は,材料費に代表される純粋な変動費以外は製品にコストを配賦しない,しても意味がないという主張である.製品別のスループットから工場,企業全体の総スループットを計算し,前述した NPV や ROI を計算すれば,改善具合やそのために必要な投資に関する合理的な意思決定ができるというものである.いいかえれば,製品原価の概念そのものの否定であり,その意味では,間接費についても製品別にコストを発生させるアクティビティを定義し,正確に製品に紐付けることを目的とする ABC(活動基準原価)も,標準原価計算と同様に方針制約の一種として批判している.

■モデルケース

　ここでは製品ミックス（products mix）の問題例を見てみよう．二つの製品1，2を生産する工場があり，図10.5に示すようにそれぞれの材料費，加工工程で製品がつくられるとしよう．需要は製品1，2それぞれ週当たり100個，75個であり，これらすべての需要を満たすことができない，すなわち制約条件が工場の中にある状況とする．このとき利益を最大化する製品ミックスはどのようになるであろうか．

　まず標準原価計算では，製品原価が計算される．1個当たりの材料費に加えて，直接労務費が積み上げられる．ここではAからEまでの五つの各工程を担当するオペレータの週当たり固定費60万円から，週5日の延べ勤務時間2,400分を割ることにより，1分当たりの工数レート50円/分が求められる．製品1の加工時間は合計45分であるので，これに50円を掛けることにより労務費が算出され，材料費4,500円を加えて6,750円が製品原価となる．同様に製品2の場合には6,000円が製品原価となり，それぞれの売価は9,000円と10,000円であるので，利益は製品1は2,250円，製品2は4,000円となる．当然，製品2を優先させて生産し，残り時間で製品1の生産をするのが利益を最大にする意思決定に思える．

　製品2の需要は週75個であるので，まずこれを生産するとしよう．そのとき工程Bは，1個当たり30分の加工時間を要するために75個では2,250分を要する．1週2,400分のうち製品1に使えるのは残り150分で，1個当たり15分必要なために10個だけしか生産できない．したがって製品1を10個，製品2を75個という計画となり，利益を計算すると，

$$(9{,}000-4{,}500)\times 10+(10{,}000-4{,}000)\times 75-600{,}000=-105{,}000$$

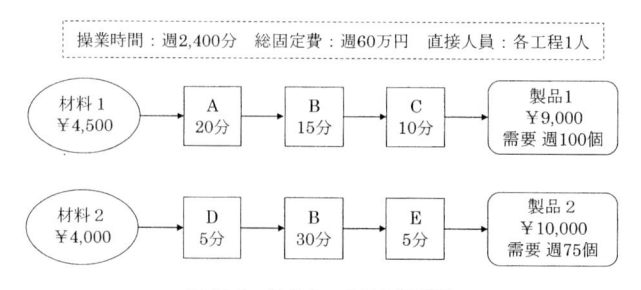

操業時間：週2,400分　総固定費：週60万円　直接人員：各工程1人

材料1 ¥4,500 → A 20分 → B 15分 → C 10分 → 製品1 ¥9,000 需要 週100個

材料2 ¥4,000 → D 5分 → B 30分 → E 5分 → 製品2 ¥10,000 需要 週75個

図10.5　製品ミックスの問題例

であり，−105,000円という赤字になってしまう．なぜこのようなことになるかといえば，標準原価計算では個々の工程がフル稼働であるという仮定のもとで工数レートが決められているのに対して，実際には工程B以外はほとんど手待ちか，アイドル状況になっているからである．

これに対して，スループット会計では需要に対応するための負荷に対して，一番能力が低い制約工程をまず認識する．この場合は工程Bである．工程Bの分当たりのスループットを計算すると，製品1が300円/分，製品2は200円/分である．標準原価計算とは反対に，時間当たりスループットの大きい製品1を優先させることになる．製品1の需要は100個で，1個当たり制約工程Bの加工時間は15分だから，1,500分の残り900分を製品2の生産に使える．製品2の工程Bの加工時間は30分であり30個が生産可能である．このときの利益を計算すると，

$$4,500 \times 100 + 6,000 \times 30 - 60,000 = 30,000$$

と，+30,000円の黒字となる．製品原価を無理やり計算することなく，スループットを決めている制約工程を認識してその最大限の活用をした結果である．

Column 10.2 ——

スループット会計のわが国での実践

スループット会計のわが国での実践は，明示的にこれを導入している企業は多くないと思われる．しかしながら，外部に企業業績，財務状況を報告するための財務会計とは別に，経営上の意思決定を行うための管理会計の立場から，スループット会計に似た独自のシステムを導入している企業は少なくないと考えられる．たとえばキャッシュフローを重視する経営で知られる京セラで実践されている時間当たり採算制度は，ほぼスループット会計に近い考え方といえる．やはり標準原価計算による製品原価の計算および原価管理を否定した上で，OE, Iを最小にした上で組織全体が稼ぎ出すT（採算，付加価値）を最大化する活動が行われている．Tを最大化することをゴールにする経営により，常に改善や挑戦を続ける創造的な組織への第一歩が踏めるのではなかろうか．

10.5 中核問題の発見とその解消法：思考プロセス

■中核問題

　TOCの原点であるこれまでの話は，主に生産マネジメントへの適用を意識したものであった．その中で方針制約は，組織やシステムのゴールを阻害する原因として，様々な問題を引き起こしているはずである．それではそのような方針制約はどのように見つければよいのであろうか．『ザ・ゴール』の続編である"It's Not Luck"（邦訳は『ザ・ゴール2』）では，方針制約は中核問題（core problem）という言葉・概念におきかわる．中核問題を見つけ，そしてそれを解消するためのアイディアの想起から，その実現計画までの一連の手法として思考プロセス（thinking process）がある．

■思考プロセス

　システム（企業，組織，活動）のゴールを達成しようとしても，UDE（undesirable effect：望ましくない効果），すなわち問題が多く存在し，それに対処することに翻弄されていることがほとんどである．しかし思考プロセスの基本的な考え方は，UDEの多くは表層的な問題の兆候であり，これに対処してもそれはバンドエイド的な処置でしかない．これらの兆候群の背後にひそむ真の原因である中核問題を探し当てない限り，問題解決にはつながらないというものである．直感をもつ人が何人か集まり，if-then関係の因果論理を追求するプロセスを正しく踏めば，中核問題の発見や，それを解消するブレークスルーアイディアに必ず辿りつける，というものである．

　思考プロセスには"何を変えるか"，"何に変えるか"，"どのように変えるか"というフェイズに対応した五つのツールが用意されている．その中で最初に使われて最も重要なものが，"何を変えるか"，すなわち中核問題を発見するためのCRT（current reality tree：現状問題構造ツリー）である．そして，CRTとペアで用いられる"何にどのように変えるか"を探索するFRT（future reality tree：未来問題構造ツリー）の二つがあれば，問題の発見と解決法をカバーできる．そこでこの二つのツールについて紹介しよう．

■CRT

　CRTの作成方法を簡単に述べると，次のような手順である．設定された対象課題について，まず参加メンバーが日頃から感じている問題点を列挙してカード

に記入する．このように列挙された UDE を出発点として，UDE どうしあるいは UDE の原因となるカードを追加的に注入し，if-then 関係を満たすと思われる対を矢印（矢印の前が if 部分で，矢印の後が then 部分）で暫定的に結ぶ．その関係に論理の飛躍があれば，途中に論理を明確にする注入カードを挿入する．また if 側の原因が十分でなければ，and の関係に相当するカードと矢印を注入（その場合には複数の矢印を楕円で囲む）する．このようなプロセスを参加メンバーで，if-then 関係を声を出し，論理の妥当性を検証しながら繰り返す．通常，下へ下へ if 部分の原因側に向けてツリーを展開することによって，上に辿ればほとんどすべての UDE をカバーするカード（原因）が発見できれば，それが中核問題である．

■モデルケース

　実際の適用例では CRT で構成されるツリーは膨大なものになる．ここでは，『ザ・ゴール 2』で出てくる化粧品会社における顧客（小売店）の抱える中核問題を探索する小規模な例を用いて概要を説明しよう．

　図 10.6 に示す CRT において，小売店の抱えている UDE の 3 枚のカードが最初に置かれる．この場合，UDE 間の因果関係よりも，直接 if-then 関係が成立するような原因側のカードが注入されて下へ展開されている．#3 の原因，if 部分として，"在庫と実需のミスマッチ" が注入されている．そして "在庫と需要のミスマッチ" ならば，"#3 UDE 大量の在庫をもちながら欠品が頻発"，という論理が成立していることを確認して次に進む．#1，#2 の UDE からは，共通の if

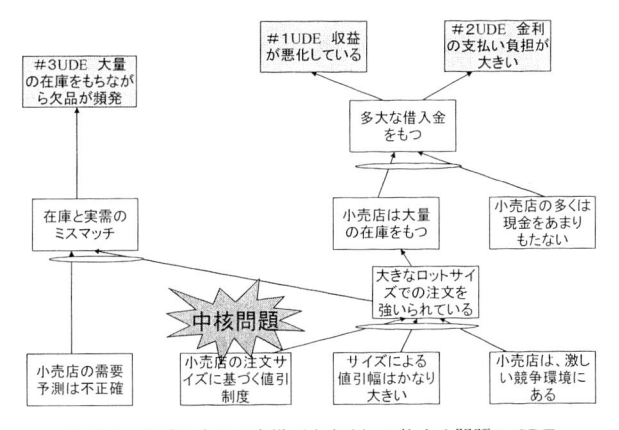

図 10.6　化粧品会社の市場（小売店）の抱える問題の CRT

部分，原因として"多大な借入金をもつ"が注入され，さらにその原因として，"小売店は大量の在庫をもつ"and"小売店の多くは現金をあまりもたない"が展開されている．

そしてこのCRTのツリー展開で重要なポイントが，"小売店は大量の在庫をもつ"のif部分として，"大きなロットサイズでの注文を強いられている"というカードが注入されていることである．このカードは左側の#3のカードからの展開における原因にもなり，矢印で結ぶことができる．さらにこの注入カードのif部分への展開したところで終わっている．andで結ばれた三つの原因のうち，"小売店の注文サイズに基づく値引制度"が中核問題としてCRTを完成している．これは"小売店の注文サイズに基づく値引制度"が解消されれば，楕円のandで結ばれた他の原因にかかわらず，矢印の先の"大きなロットサイズでの注文を強いられている"が解消され，さらに上に遡ると三つのすべてのUDEがCRTの論理の上では解決されることになるからである．

■ **FRT**

次にFRTについて紹介しよう．FRTは基本的にCRTを用いた中核問題を解消するブレークスルーアイディアを実行したときの影響のシミュレーションである．そして，アイディア自体は解ではなく，そのままでは実行段階で必ず問題が生起するという認識に基づく．マイナスの枝と呼ぶこのような問題を事前にシミュレーションによって摘出し，その枝を刈り取るアイディアも注入しておこうというものである．そのとき，中核問題を解消するアイディアを，"そうかもしれないが，しかし……"（Yes, but……）式の思考，すなわち，negative branch reservation（意地悪な異議）が重要であるといわれている．組織には必ずそのような思考が得意な（？）人が少なくないことから，そのような人を活用してマイナスの枝を発見し，かつそのことでその人自身もアイディア実行にバイ・インさせることにも有効というものであり，心理学的な要素が含まれていることもTOCの特徴である．

■ **モデルケース**

さて，図10.6のCRTのもとにFRTを行った例が図10.7である．この会社では補充頻度を上げるようなロジスティクス改革を進めていたことから，"何を"という中核問題に対して，"何に変えるか"というブレークスルーアイディアとして，"値引きは個別の注文ではなく1年間の取引量に対して行い，補充方式を

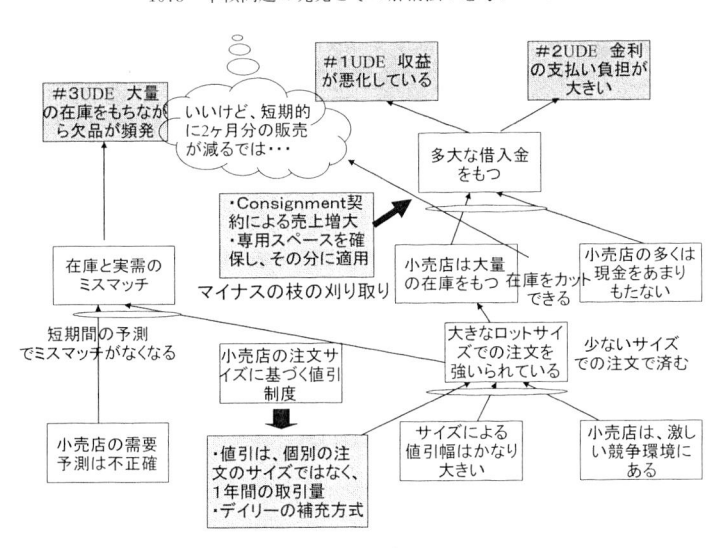

10.5 中核問題の発見とその解消法：思考プロセス

図 10.7 FRT：ブレークスルーアイディアのシミュレーション

日ベースにする"という案が採用されている．このアイディアにより，矢印の上を辿っていくと少ないサイズの注文で小売店の在庫は減り，それにより需要の予測が短期間で済むことから在庫と需要のミスマッチもなくなり，小売店のすべての UDE が解消される．

しかしながら，ここでマイナスの枝の発生が指摘される．現在小売店が在庫を大量にかかえている状況から在庫が少なくて済む状況にシフトするということは，"短期的に 2 カ月分に相当する販売が減る"というものである．これについては，実際に店舗で売れるまでの在庫を会社側が負担するという小売店にとって魅力ある委託販売契約（consignment contarct）を導入し，新規店を取り込むことによって売上を補完しようという対策案がまず出される．さらにその委託販売契約を店舗の当社専用スペースに適用することで，既存店の当社製品のスペースをも広げ，売上を増やすというインセンティブ策が，マイナスの枝解消のアイディアとして注入されている．

Column 10.3

CRT と"なぜなぜ分析"

思考プロセスの根幹をなす CRT のツリー展開の骨子は，if-then の then 部分か

ら if 部分を推論することを繰り返すアブダクション（abduction）と呼ばれる推論に相当する．アブダクションは，then 部分の現象の断片から，if-then の未知の原理・原則を発見する科学者の推論法であり，正に経営の本質的部分を科学にしたものといえる．しかもこれらの手法は，関係者が集まって頭をひねりながら行うものであり，中核問題の発見やアイディアの実行案を見つけ出す過程そのものが重要であり，質の高い関係者の間の情報共有を可能にする．

　なお，CRT の展開によく似ているわが国生まれの手法として"なぜなぜ分析"（より系統的なものに PM 分析）がある．JIT や TPM の改善活動で，問題に対して"なぜ"という問いを 5 回繰り返して根本原因を追究する手法であり，CRT でいえば矢印を下に 5 回掘り下げることをいう．これを実践するためには原理・原則の知識が必要であり，CRT はこのような手法を論理・体系化したものではないか，というのは，筆者のいらぬ勘繰りかもしれない．

Column 10.4 ──

中核問題は組織内部にあり

　筆者はこれまで 20 余りの実際の企業で，新商品開発や SCM の問題を中心に，それらがなぜうまくいかないかという CRT による中核問題の発見を行った．いずれの場合もトップを含めた数名の担当者をメンバーとし，筆者らがツリーの展開の論理的妥当性の行司役としてのファシリテーターをつとめた．CRT を完成させるのに最低半日はかかる．また大企業で行った例では，最初に出される UDE だけで 50 にのぼり，最終的には 120 を超えるカードからなるツリーが構築された．

　そこで共通していえることは，結局は中核問題は組織の内部にあるということである．たとえば新商品開発の問題を扱った中の A 社の例では，新商品開発がうまくいかない原因として，当初 CRT の上の方に"納入先の要求仕様が読めない"，"指示の変更が多い"等の A 社の客である納入先の問題があげられていた．しかしながら，さらにその原因を追求すると"提案力がない"，"社内の技術評価力が弱い"，そして技術評価力が弱い原因として，"開発要員を教育するベテランが不足"があげられた．これは A 社が不況の時期に技術者採用を激減させたことに起因しており，結局"採用を含む中長期人材育成プログラム不足"が中核問題となっている．

　他の例でも，客先，業界特性等の外部要因が原因として当初出てくるが，掘り下げていくと組織上，経営上の問題が中核問題であり，それらを普遍化すると結局は「企業や事業としてあるべき姿や方向性がトップから示され，これが共有できていない」ということにいきつく．筆者らは，これをスーパー中核問題と呼び，総論では新商品開発や SCM の全体最適を組織としてうたっているものの，その実行の過程で様々な部分最適が存在し"ねじれ"現象を起こしているのが現実である．かな

10.6 TOCが示唆する日本モデルの強み・弱みと日本文化

■経営モデルと経営文化

コラム10.1で述べたようにTOCは，日本的な改善モデルについて，企業のゴールに対する制約条件を明確に認識した上での取り組みの不在，そして"マーフィー"の存在（不良，故障，納期遅れ等）を前提とした上での最適化やリスクマネジメントの不在，の2点について批判している．正に的を射た指摘であり，マネジメントという立場からは，わが国企業が強化すべき点と思われる．しかしながら，不良0，故障0，納期遅れ0といった"マーフィー"の存在の否定は非現実的というところは，逆にそれができるわが国固有の文化に基づく強みである．

オランダの経営文化の国際比較の著作で著名なG.ホフステードによれば，文化が異なればそれに適合する経営モデルも異なるという．これまで経営学の教科書に登場する経営や組織に関する理論の多くは，米国の文化に根ざしたものであり，文化の異なる他の国では必ずしも適合しないという．たとえば，経営学の始祖と呼ばれ，標準という概念を提示したF. W. テイラーの機能別職長制度は，フランスでは通用しないばかりか，理解もされなかったという．それでは，文化の違いというのは，何で測られるのであろうか．

■文化の国際比較

ホフステードによれば，わが国を含む世界53の国での調査に基づく，文化の違いは，"権力格差"（power distance：部下の上司への依存度），"個人主義と集団主義"（individualism, collectivism：個人個人の結びつきの強さ），"男らしさ"（masculinity：男女の役割分担の明確さ），そして"不確実性回避"（uncertainty avoidance：あいまいさに対しての不寛容度）の四つの次元で説明できる．図10.8は，調査国の中のわが国を含む10カ国について，四つの次元のスコアを抜粋，比較したものである．

図10.8からわかるように，日本文化は，欧米諸国はもちろん，東アジアの近

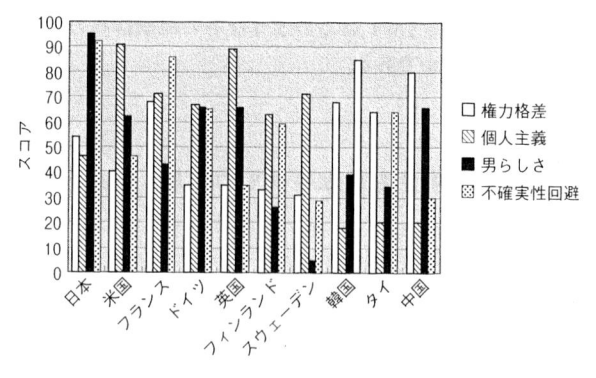

図10.8 各国の文化スコアの比較

マーフィーを容認しない日本文化
ただし、マーフィーを前提としたリスクマネジメント（最適化）は弱い

不良0，故障0，納期遅れ0を目指した改善、ジャストインタイム、見える化

・あいまいさを減らす努力
・精密や規則正しさに向かう
・イノベーションが受け入れられれば、導入はスムーズ

競争環境

経営戦略上の問題は、運営上に比べてはるかにあいまいに寛容であることが求められる

閉鎖社会

・違うということは、危険である
・規則は暗黙な了解
・イノベーションに不寛容

モラルハザード

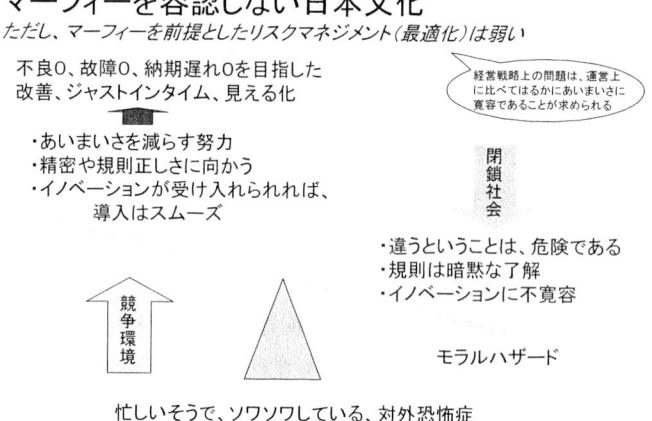

忙しいそうで、ソワソワしている、対外恐怖症

図10.9 高不確実性回避傾向がもたらす改善努力とその弱点

隣の諸国，特に中国と大きく異なる．中でも企業経営により直接的に影響を与える文化素地としては，"不確実性回避"性向が著しく高いということである．これが高いということは，漠然とした不安，あいまいさに感受性が強く，これを減らす方向に努力が向きやすい，あるいは精密さや規則正しさを求める方向に向かう，というものである．図10.9に示すようにこの文化特性が，"マーフィー"を容認しないで，不良0，故障0，納期遅れ0を目指した改善努力，あるいはジャストインタイムや見える化を生み出した源泉なのではないだろうか．すなわち，他国では真似のできない日本人固有の文化に由来する強みではないだろうか．同

時に，コラム 4.1 で述べた品質に厳しい消費者を生み出した源泉と考えられる．

しかしながら，この強みは競争環境があって発揮される．一方で，図 10.9 の右側に示すように，規則は暗黙の了解であり，違うということは危険であり，不確実性を減らすのではなく，不確実なもの，自分たちと異質なもの自体を排除するという方向にも向かう．このような村社会，閉鎖社会の根元でもあり，その延長には高コスト体質や，談合に代表されるようなモラルハザードを引き起こすことにもつながる．

それよりも重要なことは，高不確実性回避傾向のもとでは，オペレーション上の問題に比べてはるかにあいまいさに対しての寛容さが求められる経営戦略上の問題が苦手ということにもつながる．それはゴールドラットの指摘に符合するものであり，制約条件の認識に基づく全体最適の戦略や，リスクマネジメントの不在である．この点については意識的に強化する必要があろう．

一方，日本文化の特徴として，普遍的な思想よりも，技術に走る国ともいわれる．幸いわが国の不確実性回避傾向の強さは，即物的な物に対してのようであり，これが技術主義につながる．思想や概念については相対主義で，社会を固定化する思想にしばられない柔軟さがある．すなわち，思想，概念があいまいでも前に進めるという強みをもつ．この柔軟性を活かすことによって，"マーフィー"を容認しない強みを維持しつつ，同時に不確実性やリスクを前提した戦略的マネジメントの強化を図ることができるのではないだろうか．

【演習問題】

10.1 身の回りの適当なシステムの例を挙げて，そのゴールと現在のそのゴールを決めている制約条件を特定せよ．

10.2 図 10.4 の DBR のアナロジー図において，かんばん方式を描くとすれば，どのようになるか．ヒント：各少年を結ぶロープの長さをかんばん枚数に相当させる．

10.3 コラム 5.1 の例を，スループット会計の立場から解釈せよ．

10.4 わが国の労働生産性は，製造業の場合には米国と遜色はないが，現在就労人口の約 70% を占めるサービス産業の場合には，米国を 100 とすると 50 程度という報告がある．その原因について考えられることを述べよ．

演習問題略解

1.1

小売店：生産量＝目標水準－期末在庫，目標水準＝2×需要量，
補充リードタイム＝2期（バックログを許す場合）

	1	2	3	4	5	6	7	8
需要量	10	10	11	12	10	10	10	10
期首在庫	20	20	10	9	10	14	10	10
目標水準	20	20	22	24	20	20	20	20
期末在庫	10(20)	10(10)	△1(9)	△3(10)	0(14)	4(10)	0(10)	0(10)
発注量	0	10	13	14	6	10	10	10

括弧内は，有効在庫＝手持在庫＋発注済みオーダー

1.2

小売店：生産量＝目標水準－期末在庫，目標水準＝3×需要量，
補充リードタイム＝2期

	1	2	3	4	5	6	7	8
需要量	10	10	11	12	10	10	10	10
期首在庫	20	20	20	19	21	26	20	20
目標水準	30	30	33	36	30	30	30	30
期末在庫	10(20)	10(20)	9(19)	7(21)	11(26)	16(20)	10(20)	10(20)
発注量	10	10	14	15	4	10	10	10

括弧内は，有効在庫＝手持在庫＋発注済みオーダー

工場：生産量＝目標水準－期末在庫，目標水準＝3×需要量，
補充リードタイム＝2期

	1	2	3	4	5	6	7	8
受注量	10	10	14	15	4	10	10	10
期首在庫	20	20	20	16	27	41	31	21
目標水準	30	30	42	45	12	30	30	30
期末在庫	10(20)	10(20)	6(16)	1(27)	23(41)	31(31)	21(21)	11(20)
生産量	10	10	26	18	0	0	9	10

括弧内は，有効在庫＝手持在庫＋発注済みオーダー

表1.1と比較すると，小売店の発注量，工場の生産量の変動がさらに増幅され，影響

1.3 情報共有およびリードタイム短縮．サプライチェーン・マネジメント．

1.4 源流管理とは，製品ライフサイクルのなるべく上流，源流で品質やコストに関わる潜在的な問題を発見して必要な措置をとること．

品質やコストは設計の段階でほとんど決まり，その後の製造段階での品質やコスト改善では限界があること，そして特に「変化の時代」では間に合わないため．

2.1 成行管理の時代では，作業者自身が作業方法やスピードを決め，経営者はそのコントロールを賃率によるしかなかった．当然個人によるバラツキも大きかった．これが標準というベストな作業方法に統一され，かつ標準時間によるバラツキもコントロールできるようになることから，作業効率が高まる．さらに作業標準を確実にできるようになることは，作業者にとっても学習につながり，次のステップの改善にもつながるものである．

2.2 多品種化や製品ライフの短縮によるものづくりの環境では，常に変化にさらされるようになってきた．現在，ワンベストウェイの標準であっても，環境の変化に伴ってすぐにベストでなくなる．そのような状況でトップダウン的に常にベストな標準を用意することは不可能であり，一人の作業者が多くの作業標準をこなせる多能工の必要性と同時に，現場での作業者自身による改善，そして標準化のサイクルを回すことが変化への対応として求められるようになってきた．

2.3 10章参照．厳しい顧客と，それに応えようとする精密さや正確さを追求する文化特性と，世界他国と比べて高い教育水準や終身雇用制が挙げられよう．

2.4 10章参照．現場が強いのに対して，改善努力を企業のボトムライン（利益）に直結させるようなマネジメントが弱い(弱かった)．このマネジメントには，戦略的マネジメントやリスクマネジメントだけでなく，最適化アプローチも含まれると考えられる．

3.1

資産（借方）		負債・資本（貸方）	
現金・預金	550	買掛金	30
売掛金	400	銀行借入金	800
在庫	100	資本金	1,000
有形固定資産	950	剰余金	170
計	2,000		2,000

売上	1,800
売上原価	
（製造原価）	1,050
材料費	300
労務費	500
減価償却費	250
営業一般管理費	330
営業利益	420
支払金利	40
税引前利益	380
法人税	190
純利益	190

3.2

	2007年	2008年
営業利益	0	420
減価償却費	0	250
キャッシュ利益	0	670
売掛金増加	0	−400
在庫増加	0	−100
買掛金増加	0	30
法人税支払	0	−190
OCF	0	10
資本的支出	−1,200	0
FCF	−1,200	10
資金調達	1,400	400
借入金利支払	−20	−40
NCF	180	370

3.3 まず売掛金である売上債権回転日数81日を,営業努力による得意先の選定や関係を見直すことにより売掛金回収を早めて短くする必要がある.棚卸資産回転日数については,オペレーションズ・マネジメントの腕の見せ所である在庫マネジメントによる在庫削減とリードタイム短縮の改善を急ぐ必要がある.

3.4 E社の2008年度のROE, ROAを求めよ.ROE＝200/1,000＝0.2 →20%.
ROA＝420/1,610＝0.259 →25.9%.

4.1 設備A:C_p＝(20.0−18.0)/6·0.4＝2/2.4＝0.83.平均(規格の中心)19.0から規格値を標準化すると,たとえば上限規格の場合には,(20.0−19.0)/0.4＝2.5.上限規格以上になる不良率は,標準正規分表より,P＝0.0062.下限規格を下回る不良も対称であることから,不良率は1.24%.

設備B:同様に,C_p＝0.67.(20.0−19.0)/0.5＝2 →P＝0.0228.したがって不良率は4.56%.4.2節のC_pと不良率の関係に対応していることに注意.

4.2 度数のみを表示した層別パレート図を下に示す.機種による層別では機種Aが流れ不良,色による層別では色Yがウス不良に,それぞれ発生原因に関係していること

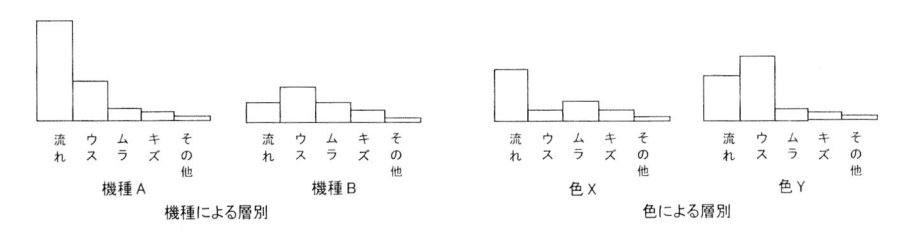

がうかがわれる．これを手がかりに，たとえば機種AとBの構造の違い等から，流れ不良の原因追求を一歩進めることができる．

4.3 $2^5=32$．この直交実験は，要因配置型に比べて，$8/32=1/4$の実験回数で済む．

4.4 ISO 9000は，文書化（documentation）を中心とする品質マネジメントシステムの整備と，それを認証という形で外部に示すことが目的であり，製品やサービスの質を保証するものではない．したがってその認証を基礎として，製品・サービスの品質向上のためには，TQMをモデルとする品質向上のための組織的活動をその上に駆動することが不可欠である．

5.1 $1,100+2,242\times500\times0.5$（月初仕掛品完成分）$+2,242\times1,000$（当月完成分）$=3,903$．完成品総原価6,483から材料費2,580を引いた3,903と一致．

5.2 $G=px-(F+vx)$において，$G/px=0.1$として両辺をpxで割って整理すると，$1,000+30x=45x$が得られる．これより，$x=66.7$ → 67個．

5.3 変動費に等しい1個当たり2まで．

5.4 段取による停止時間 $400\times45/60=300$ 時間．
故障停止回数 $(1,000-300)/100=7$ 回 → 14 時間．
チョコ停回数 $(1,000-300)/10/60=4,200$ 回 $4,200\times20/60=1,400$ 分 → 23 時間．
不良をつくり出している時間 $(1,000-300-14-23)\times0.05=33$ → 33 時間．
したがって，価値稼動時間$=1,000-300-14-23-33=630$．
設備稼働率$=(1,000-14)/1,000=0.986$ → 98.6％．
OEE$=630/1,000=0.63$ → 63％．

6.1

製品 X		期									
		1	2	3	4	5	6	7	8	9	10
リードタイム	総所要量	50	70	20	80	50	60	30	50	40	50
：1期	指示済みオーダー		100								
ロット編成	正味所要量	—	—	—	60	50	60	30	50	40	50
：2期分	手持在庫（期末）	10	40	20							
初期在庫：	計画オーダー（完了）				110		90		90		50
60	計画オーダー（着手）			110		90		90		50	

6.2 $100\times(1+0.5)/10=15$ → 15 枚．
1日に10枚のかんばんが外れ，1日の最初に外れた5枚分がリードタイム1日で，翌日後半分の生産に当てられるサイクルとすれば，この10枚に加えて翌日の前半分に相当する5枚が最低必要となる．

6.3 発注点 $s=4\times10+2\times\sqrt{4}\times5=60$．
ダブルビンの場合，$s=Q$であるので，容器のサイズは60．

6.4

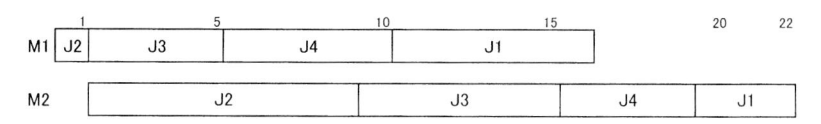

```
       1    5        10        15         20  22
M1 |J2| J3 |   J4    |    J1    |
M2 |    J2     |    J3    |  J4  | J1 |
```

6.5

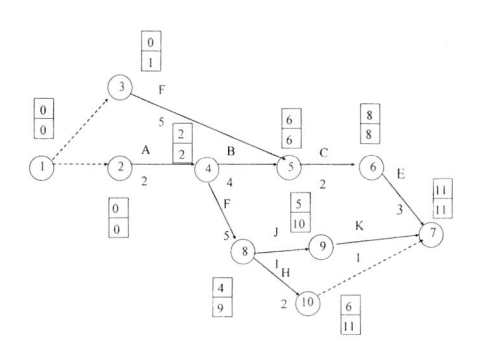

[PERT図: ノード1→2→4→5→6→7をメインに、枝 A,B,C,E、分岐 F,J,K,H、各ノードに早期/遅期時刻]

クリティカルパスは ABCE で，完了日数は 11 日．

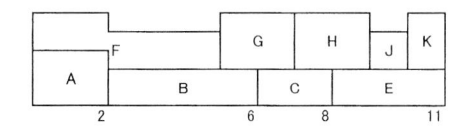

```
       F
    A  G  H  J K
       B  C  E
    2     6  8   11
```

山積み・山崩しの結果，最低必要な要員数は 5 人．

7.1 段取コストを半減したときの EOQ：141.
トータルコストは，改善前の 100 千円/期から，70.7 千円/期になる．

7.2 1) ロットサイズ在庫：$200/2 = 100$，安全在庫：$2 \times \sqrt{4 \times 8} = 32$.
  2) 発注点：$4 \times 25 + 32 = 132$. 発注サイクル：$200/25 = 8$ 日．
  3) リードタイム短縮．客先との連携による需要の平準化．
  4) まずコストアップにならない多サイクル化のために，段取時間を削減して小ロット化を実現する．次にシングル段取まで推進し，日割平準化を目指す．その次に工程設計の変更を含めて，製品 A に関連した品種の混流生産による平準化生産にもっていく．

7.3 日内：居酒屋における昼間の時間帯をランチメニュー等で異なる客層を対象とする．
週内：週末における小売店への配送量の増大に関係する業務を変動費化する．

月内：ホッケースティック現象（営業の帳尻合わせによる月末の受注量の増大）．営業の評価基準の見直し．
年内：夏物と冬物の需要．両者を同じ工場で生産することによる負荷の平準化．
7.4 管理精度在庫：AIDC 技術と EDI の組み合わせにより，在庫のトレーサビリティ向上による在庫削減とリードタイム短縮．
デカップリング在庫：POS 情報や販売計画情報のサプライヤーとの共有による需要予測の高精度化と平準化による在庫削減．
問題点：有効な情報の共有を阻害する組織の壁と，たとえ共有してもそれを有効なものにする組織能力の欠如．

8.1 安全在庫：意思決定段階数が1のときで，変動が σ，ボトルネックが LT に相当．
JIT（かんばん方式）：意思決定段階数は工程，サプライヤーの数でその間の情報共有をあえてなくしている（弱くしてある）．そのかわりに変動を平準化で凍結．常にボトルネックを見つけ，その体質強化を図る．
8.2 物理的に売れる商品のスペースを占領して機会損失を生み出す一方で，小売側の商品管理能力を削いでしまう等の弊害．
8.3 商品の小型化，モジュール設計，共通部品化，段ボールの商品入り個数を考慮した設計等．
8.4 LSC による診断結果のレーダーチャートの例．この場合，平均点はほぼレベル 3 に達しているが，IT 活用力が同じ業種，業種カテゴリーに比べても弱い．

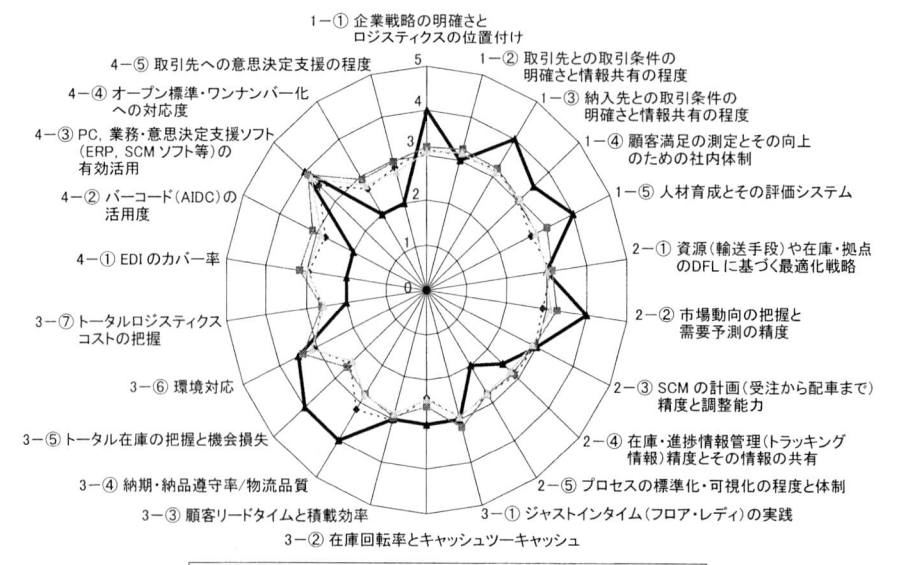

9.1 わが国製造業の強みである改善力やサプライチェーンの語源となった部品メーカーとの長期的な連携が，インテグラル製品の開発や生産には要求されるため．これに対してモジュール型の製品の場合，トップダウン的な，あるいは戦略的な製品アーキテクチャーの設計が求められるのに対して，特にオープンモジュール部品の製造には改善力が必ずしも要求されず，むしろ開発途上国の方がコスト競争力があると考えられる．

9.2 タイガーチームの典型である．究極の face to face の情報共有が図れ，阿吽の呼吸も醸成される．一方で長く専門部署から離れることでそこでの情報から疎遠になる，あるいは大部屋に派遣する側からは戦力を欠くことにより，全体としてはコストアップになりがちである．

9.3 あまりに共通部品化をしようとすると，デザイナーの個性を削ぐことにもつながり，顧客にとって魅力あるアフェクティブ（感性に訴える）な新商品開発と衝突する場合がある．

10.1 運動会のムカデ競争．ゴールは一定時間に距離を稼ぐこと．制約条件は，最初は全員のタイミング，それが解消されたときには，一番速度の遅いメンバー．

10.2

最終工程のドラムに合わせて前工程が歩行．各工程を結ぶロープの長さがかんばん枚数に相当．最初に制約工程（ボトルネック）の同定はしないで，問題を起こした時点でそれがボトルネックと判断．ただちに対策がとられ，しだいにロープの長さを短くすることで在庫を削減．

10.3 スループット会計の立場からは，製品Xの課長の提案は製品Xのスループット増の提案であり，最初から問題なく受け入れられた提案である．また事後の製品Xのスループットは410万，製品Yは310万で，逆転の評価は起こりえない．

10.4 ひとつは，9章で示したように納期遵守率99.9%というような，欧米のせいぜい90%というのに比べて過剰ともいえる品質が高コスト体制を生み出していると考えられる．その背景として日本文化を特徴付ける不確実性回避傾向の高さに起因した厳しい顧客の存在があろう．一方で，高付加価値のサービスは別にして，製造業と異なり，海外との競争にもまれることが少なかったため，まず効率化の原点である標準をベースにした仕事の仕方が定着していない問題があろう．いずれにしても，オペレーションズ・マネジメントの強化がサービス産業で必要とされていると思われる．

付表：正規分布表

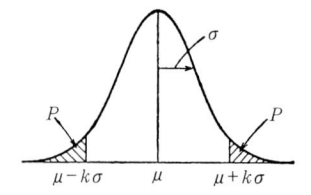

1. k から P を求める表

k	*=0	1	2	3	4	5	6	7	8	9
0.0*	.5000	.4960	.4920	.4880	.4840	.4801	.4761	.4721	.4681	.4641
0.1*	.4602	.4562	.4522	.4483	.4443	.4404	.4364	.4325	.4286	.4247
0.2*	.4207	.4168	.4129	.4090	.4052	.4013	.3974	.3936	.3897	.3859
0.3*	.3821	.3783	.3745	.3707	.3669	.3632	.3594	.3557	.3520	.3483
0.4*	.3446	.3409	.3372	.3336	.3300	.3264	.3228	.3192	.3156	.3121
0.5*	.3085	.3050	.3015	.2981	.2946	.2912	.2877	.2843	.2810	.2776
0.6*	.2743	.2709	.2676	.2643	.2611	.2578	.2546	.2514	.2483	.2451
0.7*	.2420	.2389	.2358	.2327	.2296	.2266	.2236	.2206	.2177	.2148
0.8*	.2119	.2090	.2061	.2033	.2005	.1977	.1949	.1922	.1894	.1867
0.9*	.1841	.1814	.1788	.1762	.1736	.1711	.1685	.1660	.1635	.1611
1.0*	.1587	.1562	.1539	.1515	.1492	.1469	.1446	.1423	.1401	.1379
1.1*	.1357	.1335	.1314	.1292	.1271	.1251	.1230	.1210	.1190	.1170
1.2*	.1151	.1131	.1112	.1093	.1075	.1056	.1038	.1020	.1003	.0985
1.3*	.0968	.0951	.0934	.0918	.0901	.0885	.0869	.0853	.0838	.0823
1.4*	.0808	.0793	.0778	.0764	.0749	.0735	.0721	.0708	.0694	.0681
1.5*	.0668	.0655	.0643	.0630	.0618	.0606	.0594	.0582	.0571	.0559
1.6*	.0548	.0537	.0526	.0516	.0505	.0495	.0485	.0475	.0465	.0455
1.7*	.0446	.0436	.0427	.0418	.0409	.0401	.0392	.0384	.0375	.0367
1.8*	.0359	.0351	.0344	.0336	.0329	.0322	.0314	.0307	.0301	.0294
1.9*	.0287	.0281	.0274	.0268	.0262	.0256	.0250	.0244	.0239	.0233
2.0*	.0228	.0222	.0217	.0212	.0207	.0202	.0197	.0192	.0188	.0183
2.1*	.0179	.0174	.0170	.0166	.0162	.0158	.0154	.0150	.0146	.0143
2.2*	.0139	.0136	.0132	.0129	.0125	.0122	.0119	.0116	.0113	.0110
2.3*	.0107	.0104	.0102	.0099	.0096	.0094	.0091	.0089	.0087	.0084
2.4*	.0082	.0080	.0078	.0075	.0073	.0071	.0069	.0068	.0066	.0064
2.5*	.0062	.0060	.0059	.0057	.0055	.0054	.0052	.0051	.0049	.0048
2.6*	.0047	.0045	.0044	.0043	.0041	.0040	.0039	.0038	.0037	.0036
2.7*	.0035	.0034	.0033	.0032	.0031	.0030	.0029	.0028	.0027	.0026
2.8*	.0026	.0025	.0024	.0023	.0023	.0022	.0021	.0021	.0020	.0019
2.9*	.0019	.0018	.0018	.0017	.0016	.0016	.0015	.0015	.0014	.0014
3.0*	.0013	.0013	.0013	.0012	.0012	.0011	.0011	.0011	.0010	.0010

2. P から k を求める表

P	.001	.005	.010	.025	.05	.1	.2	.3	.4
k	3.090	2.576	2.326	1.960	1.645	1.282	.842	.524	.253

3. u から $f(u) = \dfrac{1}{\sqrt{2\pi}} e^{-u^2/2}$ を求める表

u	.0	.1	.2	.3	.4	.5	1.0	1.5	2.0	2.5	3.0
$f(u)$	.399	.397	.391	.381	.368	.352	.2420	.1295	.0540	.0175	.0044

例1：$k=1.96$ に対する P の値は，付表1で，1.9* の行と *=6 の列の交わる点の値 .0250 で与えられる．
例2：$P=.05$ に対する k の値は，付表2で 1.645 と与えられる．
例3：$u=1.0$ に対する $f(u)$ の値は，付表3で .2420 と与えられる．

参 考 文 献

1. 経営工学とオペレーションズ・マネジメント

R. B. Chase et al.: Production and Operation Management: Manufacturing and Service, eighth edition, McGraw-Hill (1998)

圓川隆夫:「トータルロジスティクス」, 工業調査会 (1995)

M. E. ポーター:「競争の戦略 新訂版」, ダイヤモンド社 (1995)

2. オペレーションズ・マネジメントの進化：効率の追求から効果的効率化へ

圓川隆夫, 黒田 充, 福田好朗編著:「生産管理の事典」, 朝倉書店 (1999)

J. P. ウォマック他:「リーン生産方式が, 世界の自動車産業をこう変える」, 経済界 (1990)

大野耐一:「トヨタ生産方式」, ダイヤモンド社 (1978)

クリスチャン・ベリゲン:「ボルボの経験 リーン生産方式のオルタナティブ」, 中央経済社 (1997)

M. ハマー他:「リエンジニアリング革命」, 日本経済新聞社 (1993)

遠藤 功:「見える化 強い企業をつくる「見える」仕組み」, 東洋経済新報社 (2005)

3. 営業循環サイクルとキャッシュフロー

蜂谷豊彦, 中村博之:「企業経営の財務と会計」(経営システム工学ライブラリー 5), 朝倉書店 (2001)

中沢 恵, 池田和明:「キャッシュフロー経営入門」, 日経文庫 (1998)

4. 品質マネジメント

圓川隆夫, 宮川雅巳:「SQC 理論と実際」, 朝倉書店 (1992)

宮川雅巳:「品質を獲得する技術」, 日科技連出版社 (2000)

山田 秀:「品質管理入門」, 日経文庫 (2006)

鈴木和幸:「未然防止の原理とそのシステム」, 日科技連出版社 (2004)

5. コスト・マネジメント

加登 豊：「管理会計入門」，日経文庫（1999）

蜂谷豊彦，中村博之：「企業経営の財務と会計」（経営システム工学ライブラリー5），朝倉書店（2001）

中嶋清一：「生産革新のためのTPM入門」，日本プラントメンテナンス協会（1992）

6. 生産マネジメント

大野耐一：「トヨタ生産方式」，ダイヤモンド社（1978）

圓川隆夫，黒田 充，福田好朗編著：「生産管理の事典」，朝倉書店（1999）

圓川隆夫，伊藤謙治：「生産マネジメントの手法」，朝倉書店（1996）

7. 在庫マネジメントと在庫削減

圓川隆夫，伊藤謙治：「生産マネジメントの手法」，朝倉書店（1996）

圓川隆夫：「トータルロジスティクス」，工業調査会（1995）

8. サプライチェーン・マネジメント

D. Simchi-Levi et al.: Designing and Managing Supply Chain, McGraw-Hill（2000）［久保幹雄監修訳：「サプライチェーンの設計と管理」，朝倉書店（2002）］

圓川隆夫（共著）：「サプライチェーン 理論と戦略」，ダイヤモンド社（1998）

LOGI-BIZ（月間ロジスティクスビジネス），2006年5月号：特集 物流力を測る，第4部SCMの簡易ベンチマーキング（SCMロジスティクスカード（LSC）の概要），第5部LSCから改革を始めよう，資料SCMロジスティクスカード（メーカー版/3PL版/流通版），Vol. 5, No. 2（2006）

9. 新製品開発マネジメント

圓川隆夫，安達俊行：「製品開発論」，日科技連出版社（1997）

藤本隆宏，安本雅典編著：「成功する製品開発」，有斐閣（2000）

青木昌彦，安藤晴彦編著：「モジュール化 新しい産業アーキテクチャーの本質」，東洋経済新報社（2002）

圓川隆夫，入倉則夫，鷲谷和彦編著：「おはなし新商品開発—事例でわかるCRTや新商品開発スコアカードの威力」，日本規格協会（2007）

10. TOC（制約理論）と日本文化

E. ゴールドラット：「ザ・ゴール」，ダイヤモンド社（2001）

E. ゴールドラット：「ザ・ゴール2 思考プロセス」，ダイヤモンド社（2002）

G. ホフステード：「多文化世界」，有斐閣（1995）

圓川隆夫：「我が国の文化と品質　その源泉とこれから」，日本規格協会（2009）

索　　引

1 個流し　81
1 対 99 の法則　151
2 次元バーコード　105
3 H　133
3 M　1
3 PL　111
3 R　5
3 S　15
3σ の原則　49
3 現主義　45
3 次元 CAD　135
4 M　1,47
5 S　22,72
20%-80% の原則　24,93

ABC　69,155
ABC 分析　93
ACSI　43
AIDC 技術　105
as-is　88
B/M　77
B/S　30
BSC　57
CAE　135
CALS　25
CAM　135
CAPM　35
CFT　58
CPFR　111
CRM　115
CRP　110
CRT　158
CS　2,43
CSR　5
CVP 分析　65
DBR　152
DFA　136
DFE　136

DFL　117
DFM　135
DfX　135
DR　133
DSM　132
ECR　110
ECRS 分析　98
EDI　24
EMS　25
EOQ　96
EOQ 批判　99
ERP　19,80
ES　2
FA　29
FCF　36
FMEA　138
FRT　158
FTA　139
IC タグ　105
ICT　1,23,135
IE　1,15
IR　35
IRR　38
ISO 9000　26,59
ISO 14000　26,60
IT パラドックス　126
JIT　20,154
MP 設計　136
MPS　77
MRP　18,77
MRP 批判　80
MTBF　54
MTO　76
MTS　76
MTTR　55
MWKR　86
NCF　37
NPV　37

OCF　36
OEE　73
OPT　148
OR　1,18
PDCA サイクル　56
PERT　88
P/L　30
PLM　135
PMBOK　92
POS　107
PRO　115
PTS　15
QA マトリックス　42
QC 工程図(表)　42
QC サークル　55
QC 七つ道具　46
QCC　55
QCD　3
QCDES　112
QFD　42,137
QR　110
recycle　5
reduce　5
reuse　5
RFID　105
ROE　38
ROI　150
ROS　38
SCM　3,110
SCM ロジスティクススコア
　　カード　121
s. k. u.　93
SMDC　97
SN 比　53
SPT　86
SQC　16,45
SS　2
SWOT 分析　141

to-be 88
TOC 23, 148
TOC スケジューリング 88
TPM 20, 72
TPS 19, 80
TQC 20, 56
TQM 21, 56
UDE 158
VA 71
VE 71
VMI 110
VR 137
WACC 34
WBS 88
X 理論 17
$\bar{x}-R$ 管理図 48
Y 理論 17

ア 行

アウトソーシング 25
アクティビティ 69, 89
アジャイル 27
当たり前品質 44
後補充方式 77
アブダクション 162
アローダイヤグラム 89
安全係数 100
安全在庫 99
アンドン 20

インタフェースコスト 112
インテグラル 134
インベントリー 150

内側配置 54
内段取 98
売上原価 31
売上債権 33
売上高 31
売掛金 32
運転資本 33
運転資本回転日数 34

営業外費用 31
営業キャッシュフロー 36
営業循環サイクル 4, 30
営業利益 31

衛生要因 17
エシェロン在庫 107
演繹的仕事の仕方 25
エンパワーメント 18, 56

オーダー 76
男らしさ 163
オペレーションズ・マネジメント 1
オペレーションズ・リサーチ 18

カ 行

買掛金 32
改善 20, 22, 149
科学的管理法 14
学生症候群 91
確定オーダー 79
貸方 30
価値稼動時間 73
価値工学 71
カテゴリー・マネジメント 103
金のなる木 139
可避原因 45
株主 30
株主価値 35
株主資本 34
株主資本コスト 35
株主資本利益率 38
借方 30
ガレージ方式 19
環境対応設計 136
環境マネジメントシステム 60
間接費 62
ガントチャート 86
かんばん方式 80
管理会計 61
管理図 48
管理精度在庫 104

機会損失 74, 96
技術経営 130
基準生産計画 77
季節変動 102
期待一不確認モデル 43

規定時間標準 15
帰納的仕事の仕方 25
機能別管理 58
キャッシュフロー 33
キャッシュフロー・サイクル 30, 33
ギャップ分析 126
共同化 120
業務 12
業務費用 150
業務連鎖 2, 9, 25

鎖のアナロジー 151
鎖の効果 113
組立容易性設計 136
グラフ 47
クリティカルチェーン 91
クリティカルパス 89
繰延資産 30
クロスドッキング方式 98
クロスファンクショナル・チーム 58

経営工学 1
計画オーダー 79
経済発注量 96
経常利益 31
経費 62
ゲインシェアリング 10
欠品率 100
原価 61
原価企画 70, 131
原価計算 61
減価償却 30
現在価値 37
原材料 93
源流管理 9, 11
権力格差 163

コアコンピタンス 25
効果的 2
効果的効率化 13
貢献利益 66
交互作用 51
公差 40
工程 FMEA 138
工程能力 44

工程能力指数　45
工程の連結　27
購買加工区分　75
交絡　51
互換性　15
顧客　3
顧客満足　2,43
顧客満足度　43
誤差因子　54
故障　54
個人主義　163
コストの世界　151
コスト・マネジメント　61
コスト・リーダシップ戦略　5
国家品質賞　59
固定資産　30
固定費　65
個別原価計算　62
ゴールドラット，E.　23, 148, 155, 165
コンカレントエンジニアリング　12, 128
コンティンジェンシーエンジニアリング　128
コンベア方式　15
混流生産　81

サ　行

サイクル在庫　95
在庫　76, 93
在庫管理方式　83
在庫コスト　96
在庫削減　93
在庫理由　93
在庫理論　93
採算性評価　37
差異分析　65
財務諸表　30
再利用・再資源化　5
材料費　62
作業研究　15
サービス　1
サービス水準　100
サプライチェーンオペレーション　3
サプライチェーン・マネジメント　110
サプライヤー　110
差別化戦略　5
差別化遅延戦略　119
散布図　47

仕入債務　33
仕掛品　93, 63
事業化段階　128
事業部制　16
自工程完結　133
思考プロセス　158
事後保全　72
資材所要量計画　77
試作品製作　135
資産　30
指示済みオーダー　78
自主保全　72
市場　3
市場分析　140
システム改善の5ステップ　152
シックスシグマ　59
実験計画法　50
実需　6
自働化　20
品切れ率　100
死の谷　130
支払法人税　31
資本コスト　34, 96
社会満足　2
社内標準　15
集荷混載　98
従業員満足　2
集団主義　163
集中化　118
集中戦略　5
集約化　118
受注残　83
受注生産　76
シューハート，W.A.　40
需要予測　75, 103
巡回混載　98
情報共有　9
情報の流れ　9
正味所要量　78
職能別組織　16

ジョブ　85
ジョブショップスケジューリング　85
ジョンソン法　87
シングル段取　97
新商品開発　128
新商品開発オペレーション　3
新商品開発スコアカード　146
新製品開発　128
新製品開発マネジメント　128
進捗管理　87
新聞売り子問題　101
信頼性　54
信頼度　54

垂直立ち上げ　133
水平分業　25
スター　139
スループット　149
　　――の世界　150
スループット会計　155
スローン，A.　16

制御因子　54
成功カーブ　130
生産　1
生産スケジューリング　85
生産性　149
生産マネジメント　75
生鮮食料品化　4
製造原価　31
製造小売　117
製造品質　40
製造容易性設計　135
税引前当期純利益　31
製品　1
製品化段階　128
製品企画段階　128
製品原価　62
製品コスト削減機会　131
製品世代サイクル　129
製品プロダクトポートフォリオ・マネジメント　139
製品分析　140

製品ミックス　156
製品ライフサイクル　11
製品ライフ短縮　14
制約条件　152
制約理論　148
セグメント化　140
設計信頼性　55
設計品質　40,50
設計変更コスト　131
設備総合効率　73
設備の6大ロス　73
セル生産　27
セル方式　28
先行開発　134
戦術　12
先入先出法　64
千三つの原則　50
専門化　15
戦略　12

総合原価計算　62
総資産回転率　38
総資産事業利益率　38
総所要量　78
層別　45
組織制約　115
組織の壁　9
ソースマーキング　106
外側配置　54
外段取化　97
損益計算書　30
損益分岐点　66

タ 行

タイガーチーム　132
耐久性　54
貸借対照表　30
大量生産　16
ダーウィンの海　130
多サイクル化　97
多台持ち　20
多段階在庫理論　94
棚卸資産　32
棚卸資産回転日数　38
棚卸資産回転率　38
多能工育成　20
多品種化　14

ダブルビン方式　84
ダブルマージナライゼーション　115
単純化　15
段取コスト　95
段取時間　82

チェックシート　47
知覚品質　44
地球温暖化　120
中核問題　158
直接原価計算　67
直接費　62
チョコ停　73
直交表　50
陳腐化　4,97

ディスパッチングルール　86
テイラー，F.W.　13,163
デカップリング在庫　106
デカップリングポイント　77
適正在庫　93
デザインレビュー　133
デミング賞　58
デルモデル　115
店頭渡し価格制度　116

当期純利益　31
動機付け要因　17
統計量　48
動作研究　15
投資回収期間　38
投資価値　37
動的スケジューリング　87
特性要因図　47
特許戦略　141
特許電子図書館　141
トヨタ生産方式　19
ドラム・バッファ・ロープ　152
トレーサビリティ　6,105

ナ 行

内部収益率　38
流れ化　87
なぜなぜ分析　161

日常管理　58
日本文化　163
日本モデル　19
人間性阻害　19
認証制度　59

ネットキャッシュフロー　37

納期　75
納期遵守率　120
能力計画　75

ハ 行

配賦　62,67
ハーズバーグ，F.　17
バッグロッグ　12
発注コスト　97
発注残　83
発注点　83
発注点方式　83
バラエティリダクション　137
バラツキ　40
パラメータ設計　52
バリューチェーン　2,9
パレート図　47
販売費・一般管理費　31

ヒストグラム　47
標準　13
標準化　15
標準原価計算　62,156
標準時間　14
標準正規分布　46
標準偏差　44
日割平準化　81
品質管理　1
品質機能展開　42
品質工学　52
品質保証　41,138
品質保証体系図　41
品質マネジメント　40
品質マネジメントシステム　59
ピンボック　92

フェイル・セイフ　55

フォード，F. 15
不確実性 99
不確実性回避 163
負荷計画 79
負債・資本 30
プッシュ 76
部門横断的プロジェクトチーム 129
部門の壁 10
ブラックベルト 59
フリーキャッシュフロー 36
プル 76
ブルウィップ効果 8,113
フール・プルーフ 55
プロジェクトスケジューリング 88
フローショップスケジューリング 85
フロント・ローディング 133
分散 53
　――の加法性 99
分布 100

平均法 63
米国モデル 16
平準化生産 80
ベンチマーキング 21,121
変動 9
変動費 66
返品制度 116

方針管理 57
方針制約 155

法令遵守 41
補充活動 6
補充点 83
保全性 55
ホーソン効果 17
ホーソン実験 17
ボトルネック 9,82,114,154
ホフステード，G. 163
ボルボイズム 19

マ 行

前出し活動 133
マクレガー，D.M. 17
負け犬 139
マスカスタマイズ 28
マーフィー 153,164

見える化 12,20,22,112
見越在庫 102
見込み生産 76
魅力的品質 44
ミルクラン方式 98

目で見る管理 20

目標管理 57
モジュール化 134
モーダルシフト 120
物の流れ 9
問題児 139

ヤ 行

山崩し 91
山積み 91

有効在庫 83
ユニークナンバー 106

要因配置型 51
予防保全 72
余裕 90

ラ 行

ライトウエイトチーム 132

利益計画 65
リエンジニアリング 23
利害関係者 30
リスクプーリング 118
リスクマネジメント 163
リードタイム 6,9,104
リハンドリング 112
流動資産 30
リーン生産方式 21

レイティング 14

労務費 62
ロジスティクス 111
ロス 72
ロットサイズ 95
ロットサイズ在庫 95
ロバスト設計 52
ローリングスケジュール 79

ワ 行

ワンベストウェイ 14

著者略歴

圓川隆夫
（えんかわたかお）

1949年　山口県に生まれる
1975年　東京工業大学大学院理工学研究科経営工学専攻修士課程修了
1980年　東京工業大学工学部経営工学科助教授
1988年　東京工業大学工学部経営工学科教授
現　在　東京工業大学大学院社会理工学研究科経営工学専攻教授
　　　　工学博士
著　書　『多変量のデータ解析』『トータル・ロジスティクス』『生産管理
　　　　の事典』『サプライチェーン 理論と戦略』『おはなし新商品開発』
　　　　ほか著書・論文多数

経営システム工学ライブラリー1
オペレーションズ・マネジメントの基礎
―現代の経営工学―　　　　　　　　　　定価はカバーに表示

2009年4月10日　初版第1刷
2020年1月25日　　　第5刷

著　者　圓　川　隆　夫
発行者　朝　倉　誠　造
発行所　株式会社　朝倉書店
　　　　東京都新宿区新小川町6-29
　　　　郵便番号　162-8707
　　　　電　話　03(3260)0141
　　　　FAX　03(3260)0180
　　　　http://www.asakura.co.jp

〈検印省略〉

© 2009〈無断複写・転載を禁ず〉　　　新日本印刷・渡辺製本

ISBN 978-4-254-27531-5　C 3350　　Printed in Japan

JCOPY ＜出版者著作権管理機構 委託出版物＞
本書の無断複写は著作権法上での例外を除き禁じられています。複写される場合は、
そのつど事前に、出版者著作権管理機構（電話 03-5244-5088, FAX 03-5244-5089,
e-mail: info@jcopy.or.jp）の許諾を得てください。

好評の事典・辞典・ハンドブック

数学オリンピック事典	野口 廣 監修	B5判 864頁
コンピュータ代数ハンドブック	山本 慎ほか 訳	A5判 1040頁
和算の事典	山司勝則ほか 編	A5判 544頁
朝倉 数学ハンドブック［基礎編］	飯高 茂ほか 編	A5判 816頁
数学定数事典	一松 信 監訳	A5判 608頁
素数全書	和田秀男 監訳	A5判 640頁
数論＜未解決問題＞の事典	金光 滋 訳	A5判 448頁
数理統計学ハンドブック	豊田秀樹 監訳	A5判 784頁
統計データ科学事典	杉山高一ほか 編	B5判 788頁
統計分布ハンドブック（増補版）	蓑谷千凰彦 著	A5判 864頁
複雑系の事典	複雑系の事典編集委員会 編	A5判 448頁
医学統計学ハンドブック	宮原英夫ほか 編	A5判 720頁
応用数理計画ハンドブック	久保幹雄ほか 編	A5判 1376頁
医学統計学の事典	丹後俊郎ほか 編	A5判 472頁
現代物理数学ハンドブック	新井朝雄 著	A5判 736頁
図説ウェーブレット変換ハンドブック	新 誠一ほか 監訳	A5判 408頁
生産管理の事典	圓川隆夫ほか 編	B5判 752頁
サプライ・チェイン最適化ハンドブック	久保幹雄 著	B5判 520頁
計量経済学ハンドブック	蓑谷千凰彦ほか 編	A5判 1048頁
金融工学事典	木島正明ほか 編	A5判 1028頁
応用計量経済学ハンドブック	蓑谷千凰彦ほか 編	A5判 672頁

価格・概要等は小社ホームページをご覧ください．